나를 돌보는
그림책 명상

딱지책 002

김기섭 지음

나를 돌보는 그림책 명상

마음 근력을 키우는 7가지 명상법

단비

들어가는 말

자유롭고 평화로운 삶

어느 날부터 그림책이 달라 보이기 시작했습니다. 아이들에게 읽어 주던 그림책에서 제 가슴을 울리고 깨우침을 주는 책으로 바뀌었습니다. 그림책이 달라진 게 아닙니다. 그림책을 보는 제 눈이 달라졌습니다.

심신치유와 명상을 공부하면서 그랬던 것 같습니다. 그림책이 지닌 치유적 가치를 경험하면서 더 크게 와닿았습니다. 자주 마음을 들여다보게 되고, 나를 괴롭히는 원인을 살피고, 자각을 통해 새로운 관점을 갖게 되면서, 어느새 그림책은 깨달음을 주는 선생이 되었습니다.

좋은 그림책을 만나면 어른 아이 할 것 없이 읽어 주었습니다. 그림책을 읽고 그들이 나와 같은 마음이 될 때 참 기쁩니다. 이때의 공명은 선물입니다.

그림책을 읽으면 기분이 좋아집니다. 마음의 상태가 달라지기 때문입니다. 그러나 상태의 변화만으로는 굳어진 습관과 패턴이 변하지 않습니다. 똑같은 조건과 상황을 만나면 그대로 되풀이됩니다. 그림책 모임에서 눈물을 흘리며 과거처럼 살지 않겠다고 다짐해도 비슷한 조건과 상황을 맞닥뜨리면 같은 행동을 반복하는 이유가 여기에 있습니다. 상태는 변했지만 특성은 변하지 않았기 때문입니다. 특성은 살면서 굳어진 습관과 패턴입니다.

사람이 변화하려면 특성이 변해야 합니다. 마음챙김과 같은 몸으로 하는 수련이 필요한 이유입니다. 그래야 치료적 치유 Therapuetic Healing가 가능합니다.

그림책 명상은 이러한 점을 착안하여 만들었습니다. 그림책의 치유적 기능과 마음 근력을 키우는 마음챙김 명상을 결합했습니다. 핵심은 마음챙김을 기반으로 그림책을 읽고 수련하는 방식입니다.

그동안 온라인, 오프라인 그림책 명상 세션에서 많은 분을 만났습니다. 그림책을 읽으며 한 사람 한 사람의 눈물

어린 이야기를 들었고 명상 수련을 함께 했습니다. 세션에 참여한 많은 분들은 자기 자신을 깊이 이해하게 되었고 삶의 가치관이 바뀌었습니다. 또 잘못된 신념이 자신을 고통으로 몰아넣었다는 걸 자각하면서 원가족을 비롯해 다른 사람들과 상호 작용하는 방식이 달라졌습니다. 그리고 자신의 다양한 정체성을 수용하면서 삶의 목표를 재설정했습니다.

이 책에 5년 동안의 현장 경험과 연구 성과를 담았습니다. 우리를 힘들게 하는 일곱 가지 키워드를 중심으로 여기서 벗어나는 방법을 제시했습니다. 일곱 가지 키워드는 의도적인 멈춤, 현존, 감정을 감정으로 바라보기, 평가와 판단을 보류하기, 있는 그대로 수용하기, 자신에게 친절하기, 인드라망 자각하기입니다. 이 키워드를 올바로 이해하고 일상생활에서 실천하면 자유롭고 주도적인 삶을 살 수 있습니다.

우리 삶을 힘들게 하는 요소는 역설적으로 우리를 구원하는 요인이 되기도 합니다. 일곱 가지 키워드를 바르게 이해하면 행복한 삶을 발견할 수 있습니다. 1장에서는 그림책과 명상의 이해를 돕고 그림책 명상이 무엇인지를 간략히 소개했고, 2장에서는 그림책 명상을 지도할 때 필요한 그라운드룰, 진행 과정과 같은 준비 사항을 설명했습니다. 그림책 명상을 현장에서 해 보려는 분들은 꼭 읽어 주세요. 3장에서는 그림책 명상을 경험해 보도록 꾸몄습니다. 일곱 가지 키워드의 의미와 이를 내 것으로 만드는 명상 수련을 담았습니다. 그림책 명상을 한 후 느낌과 감정, 생각을 정리하고 새롭게 알아차린 내용을 적어 보도록 했습니다. 그리고 명상하기 좋은 그림책도 함께 소개했습니다.

아무쪼록 이 책이 그림책을 좋아하고, 명상을 좋아하는 분들에게, 또 그림책으로 명상하는 방법을 알고 싶은 분들에게 좋은 길잡이가 되길 바랍니다. 모든 분들이 그림책 명상으로 알아차림의 힘이 커져, 자유롭고 평화로운 삶을 사시길 기원합니다.

2024. 1.

심월 김기섭

차례

들어가는 말 | 자유롭고 평화로운 삶 _005

1장 그림책 명상이란 _012

1 그림책 _014
인생에서 세 번 읽는 책 | '세 개의 나'를 만나다 | 그림책은 마음치유 도구

2 마음챙김 _025
서구에 부는 마음챙김 혁명 | 끊임없이 현재로 돌아오기 | 그림책 명상의 목표

3 그림책 명상이란 _032
'노란 양동이'와 그림책 명상 | 그림책으로 배우는 마음공부 | 그림책 명상의 대상 | 그림책 명상의 효과

2장 그림책 명상 준비 _046

1 그림책 명상의 요건 _048
그림책 선정 기준 | 그림책 명상의 그라운드룰 | 그림책 읽어 주는 방법
| 그림책 명상 진행 순서

2 그림책 명상의 기본 명상 _060
호흡 명상 | STOP 명상

3장 실전 그림책 명상 _066

1 의도적인 멈춤 _068
멈추면 비로소 보이는 것 | 수련-호흡 명상 | 그림책 읽기 | 그림책 명상 연습
| 명상하기 좋은 그림책

2 현존 _080
우리는 이미 도착해 있다 | 수련-걷기 명상 | 그림책 읽기 | 그림책 명상 연습 | 명상하기 좋은 그림책

3 감정을 감정으로 바라보기 _093
감정의 세 가지 특성 | 수련-바디 스캔 | 그림책 읽기 | 그림책 명상 연습 | 명상하기 좋은 그림책

4 평가와 판단을 보류하기 _108
판단을 늦춰야 하는 이유 | 수련-선택 없는 알아차림 | 그림책 읽기 | 그림책 명상 연습 | 명상하기 좋은 그림책

5 있는 그대로 수용하기 _121
현실과 다투지 않기 | 수련-글쓰기 명상 | 그림책 읽기 | 그림책 명상 연습 | 명상하기 좋은 그림책

6 자신에게 친절하기 _136
남에게 하듯이 나에게 관대하기 | 수련-자애 명상 | 그림책 읽기 | 그림책 명상 연습 | 명상하기 좋은 그림책

7 인드라망 자각하기 _153
우리는 연결돼 있다 | 수련-감사 명상 | 그림책 읽기 | 그림책 명상 연습 | 명상하기 좋은 그림책

나가는 말 | 명상 인류로 살아가기 _167
추천사 | 그림책 명상으로 평화로운 사회를 기원하며 **윤종모 주교** _170
참고한 책들 _173

1장

그림책 명상이란

1 그림책

인생에서 세 번 읽는 책

최근 어른을 위한 그림책이 쏟아지고 있습니다. 실력 있는 작가들이 어른을 위한 그림책 시장에 뛰어들면서 다양하고 수준 높은 그림책이 나오고, 서점마다 어른을 위한 그림책 코너를 만드는 현상이 부쩍 늘었습니다.

그림책을 구매하는 사람들도 다양해지고 있습니다. 그림책을 구매하는 사람 가운데 열 명 중 네 명이 결혼을 하지 않은 미혼 여성입니다. 그림책은 부모가 자녀에게 사

주는 것으로 알려져 있는데 꼭 그렇지만은 아닌 것이죠. 이런 경향은 우리나라에만 국한된 현상이 아닙니다. 미국, 유럽, 일본도 마찬가지입니다. 미국에서 그림책을 구매하는 사람의 1/3은 자녀를 가질 계획이 없는 사람들이라고 합니다. 결혼을 하지 않고 아이를 가질 계획이 없는 사람들이 그림책을 사는 이유는 '정서적 치유를 위해서'라고 합니다.

그림책은 우리가 주위에서 쉽게 접하는 예술 작품입니다. '아름다운 글과 그림의 결혼'이란 말처럼 그림책은 굳이 멀리 있는 미술관과 전시장을 찾지 않더라도 도서관이나 책방에 가면 손쉽게 만날 수 있습니다. 인생을 압축적으로 담아낸 시적인 글과 아름답고 화려하고, 환상적인 그림은 지친 마음을 따뜻하게 위로해 줍니다. 순수했던 어린 시절로 돌아가게 해 주는 치유의 선물입니다.

그림책은 인생에서 세 번 읽는다고 합니다. 제일 먼저 어렸을 때 그림책을 처음 만납니다. 유아에게 인생의 첫 책이 그림책입니다. 두 번째는 결혼하여 자녀에게 그림책을 읽어 줄 때 또다시 만납니다. 자녀를 가진 부모라면 이때 그림책을 만나 친해지기 시작합니다. 저도 아이들에게 그림책을 읽어 주면서 그림책을 처음 접했습니다. 그림책을 읽어 주면서 아이들보다 더 짜릿한 경험을 많이 했습니다. 세 번째는 나이가 들어, 즉 시니어가 되어 그림책을 만납니다. 할머니, 할아버지가 손자, 손녀에게 그림책을 읽어 주려는 것이 아닙니다. 힐링과 스스로를 돌보려고 그림책을 읽습니다. 그림책에는 지금껏 살아온 인생의 의미를 함축적으로 보여 주는 글과 그림이 담겨 있기에 그림책에서 삶의 중요한 의미를 발견하기 때문입니다.

코로나19가 한창일 때 온라인으로 〈그림책치유글쓰기〉 강좌를 진행한 적이 있었습니다. 그림책을 읽고 자신의 내면에서 흘러나오는 목소리를 짧은 글로 표현하며 마음을 정화하는 시간입니다. 참여자들은 그림책을 매개로 과거의 상처와 미해결 과제를 알아차리고 치유를 경험했습니다. 참여자 스스로 자신을 옥죄던 심리적 답답함에서 풀려나 눈물을 흘리곤 했습니다. 중년의 고단한 시기를 건너는 분들이 아주 좋아했습니다.

그림책을 읽는 것은 나를 읽는 행위입니다. 감정이 정화되고 각성적 성찰을 경험하게 됩니다. 그런 경험이 하나둘 쌓이면서 삶을 변화시키고 성장시키는 전환점이 마련됩니다. 그런 의미에서 저는 그림책의 수혜자 가운데 한 사람입니다. 아이들에게 그림책을 읽어 주면서 시작된 그림책과의 인연이 지금의 저를 있게 해 줬으니까요. 세대를 막론하여 마음 아픈 분들과 웃고 눈물 흘리고 그림책이 주는 감동을 나누며 살고 있으니까요.

'세 개의 나'를 만나다

저는 아이들이 초등학교에 들어가기 훨씬 전부터 그림책을 읽어 주는 게 좋았습니다. 그때 우리가 살던 집은 도서관에서 100미터쯤 떨어져 있었는데, 아이들을 위해서나 저를 위해서 운이 좋았습니다. 아이 둘을 데리고 나들이 삼아 도서관을 즐겨 찾았으니까요. 주말이면 빼놓지 않고 하는 중요한 일과 중 하나가 도서관 가는 일이었습니다. 다행히 두 아이 모두 책을 좋아했습니다. 양쪽 무릎에 하나씩 앉히고 소리를 죽여 가며 책을 읽었던 경험은 지금도 잊지 못합니다. 그렇게 주말마다 도서관에서 뒹굴뒹굴하다가 도서관 문을 나설 땐 손에 그림책이 들려져 있었고, 빌려 온 책들은 아이들이 잠자기 전에 이미 읽어서 읽을거리가 동이 났습니다. 그러면 또다시 도서관행. 아이들이 어렸을 땐 이런 나날의 연속이었지요.

이때 문득 깨달은 게 있었습니다. 그림책이 바로 제 이야기라는 사실을 말이지요. 그림책을 읽으면서 문득 저의 어릴 적 모습을 발견했고, 제가 현재 겪고 있는 영혼의 현실을 보았습니다. 누구도 알려 주지 않은 저의 심리 상태를 정확히 짚어 주었습니다. 또 성장 과정에서 채워지지 않았던 결핍과 결손을 보았고, 여전히 해결되지 못한 과제가 있다는 사실도 알았습니다.

이러한 자각의 경험은 그림책이 가진 경이로운 세계에 빠져들게 했고 성찰의 시간을 가져다주었습니다. 그림책을 읽다가 나도 모르게 눈물을 쏟았고, 눈물샘을 자극했던 그림책들은 제 자산이 되었습니다. 이제는 그림책을 기반으로 하는 치유 세션을 진행할 때 큰 도움을 받고 있습니다.

그림책으로 치유 작업을 진행하면서 그림책은 '세 개의 나'를 만나게 해 주었습니다. '세 개의 나'란 과거의 나, 현재의 나, 미래의 나입니다. 그림책을 읽으면 과거의 어린 시절로 타임머신 여행을 떠나게 됩니다. 어떤 분은 행복한 과거를 떠올리고, 어떤 분은 기억조차 하기 싫은 불행한 과거를 떠올립니다.

또 어떤 분은 그동안 의식하지 못했던 과거의 해결되지

못한 과제가 전면으로 떠올라 당황하기도 합니다. 이 과정에서 왜 자신이 그토록 힘들게 살아왔는지를 어렴풋이 깨닫습니다. 그림책 한 권에서 '과거의 나'와, 과거 자신의 모습을 자각하는 '현재의 나'를 만납니다.

이때 하염없이 눈물을 펑펑 흘리는 분이 있는가 하면 아하, 하며 엉켜 있던 삶의 실마리를 푸는 분들도 있습니다. 전에는 생각하지 못한 자신을 좀 더 깊이 이해하고 화해하면서 새로운 삶을 살아가는 힘을 얻기도 합니다. 그러면서 앞으로 어떻게 살아야 할지 궁리하는 '미래의 나'를 만납니다.

이렇게 그림책 한 권에서 과거의 나, 현재의 나, 미래의 나를 만납니다. 이 세 개의 나를 만나는 과정에서 많은 분이 치유를 경험합니다.

치유 세션을 진행하다 보면 안타까운 사연을 많이 듣게 됩니다. 40대~60대 어른들 중에는 성장 과정에서 어린 시절을 온전히 누리지 못한 분들이 있습니다. 그러다 보니 후회와 자책, 회한이 많습니다. 어떤 참여자는 대가족의 맏이로 태어나 바쁜 부모를 대신해 동생들을 키운 얘기를 하면서, 자신의 삶 따위는 없었다며 눈물을 흘리기도 했습니다. 그림책을 보면서 어릴 적 자신의 욕구를 숨겨야

했던 힘겨웠던 모습을 떠올린 것이지요.

또 어떤 참여자는 남편과 사별하고 자녀를 혼자 키웠습니다. 이 과정에서 남편의 빈자리를 채우려고 지나치게 애썼던 과거를 슬프게 떠올렸습니다. 그림책을 읽고 굳이 그렇게 하지 않아도 된다는 사실을 깨닫고는, 그동안 짓눌러 왔던 의무감의 돌멩이를 치우고 마음이 편안해지기도 했습니다.

보통의 경우 그림책을 읽으면 과거를 객관적으로 바라보게 됩니다. 현재의 상황에서 과거를 돌아보기 때문입니다. 거리 두기의 힘입니다. 거리 두기를 거치면서 많은 분이 과거 자신과 동일시하던 감정에서 벗어나는 체험을 합니다.

그러면서 이런저런 자신의 모습을 천천히 받아들이며 당당해지고 단단해집니다. 자신의 과거 상처를 직면하고 수용하면서 새로운 삶을 여는 동력을 얻습니다.

"전보다 나를 사랑하게 되었어요."

이런 고백을 들을 때 가끔 눈물이 납니다. 저에겐 가장 뿌듯한 시간입니다.

왜 어른들이 그림책을 읽어야 하느냐 묻는다면 그림책은

'본래의 자기'를 찾는 데 더없이 좋은 텍스트라고 대답합니다. 그림책을 읽으며 인생을 새롭게 바라봅니다. 자신의 내면을 들여다보게 됩니다. 그래서 제가 붙인 이름이 '그림책은 선생이다'입니다. 우리가 잊고 지냈던 순수의 세계를 일깨워 주고 회복시켜 주는 스승과 닮았습니다.
그림책은 불안하고 불확실한 현대를 살아가는 우리의 고통을 이해하고 위로해 줍니다. 그뿐만 아니라 어린 시절 성장 환경이 좋았든 나빴든, 행복했든 불행했든 있는 그대로 자신을 받아들이도록 도와줍니다.
또 지난 삶을 되돌아보고, 내가 진정으로 원하는 삶이 무엇인가를 깨닫게 해 줍니다. 성찰적 자각을 불러일으켜 지금 나에게 필요한 것이 무엇인지 질문을 던지게 해 줍니다.

그림책은 마음치유 도구

얼마 전까지 그림책은 어린이와 유아의 전유물로 인식되어 왔습니다. 그림책의 출발점이 어린이들을 위한 교육용 텍스트였으니 이런 평가는 당연합니다. 그런데 최근 들어 그림책을 바라보는 관점이 달라지고 있습니다.

가장 큰 변화는 그림책을 읽는 독자층이 넓어졌다는 것입니다. 지금도 그림책은 유아들이 처음 만나는 인생의 첫 책인 사실은 변함이 없습니다. 하지만 어른이 새로운 독자로 가세했고 그림책을 읽는 어른이 늘어났습니다.

앞서 언급했듯이 어른을 대상으로 한 그림책이 활발하게 나오고 있습니다. 그에 따라 그림책의 주제 역시 다양해지고 풍성해졌습니다. 사회 전반의 이슈들을 다루면서 어른들 사이에서 '이게 어린이 책이야?'라고 물을 정도로 수준이 높아졌습니다. 일본의 임상심리학자인 가와이 하야오는 그림책은 "0세부터 100세까지 즐길 수 있는 책"이라고 말합니다. 이미 우리는 그런 시대에 살고 있습니다. 그의 표현을 빌리면, 그림책은 "한 번 보면 언제까지나 마음속에 남아 있으며 문득문득 떠올라 새삼 감동"을 주어 "문화가 다른 사람도 거부감 없이 받아들일 수 있는 보편성을 갖고 있다"고 합니다.

그림책이 가진 보편성은 뛰어난 작가들의 그림책을 읽어 본 사람은 다 동의하는 사실입니다. 그림책은 전 세대를 아우를 정도로 품이 넓습니다. 유아, 청소년, 중년, 노인에 이르기까지 전 세대가 즐깁니다. 외국인과 말이 통하지 않아도 그림책의 그림만으로 소통이 가능합니다. 그림책이 전 세대에 걸쳐 인기를 끌게 된 데에는, 유아에게는 유아의 시선에 맞는 즐거움과 흥미를 주고, 청소년과 중년, 노인에게는 각 세대가 살아오면서 겪은 경험만큼이나 층위가 다른 감동을 주기 때문입니다.

그림책이 남녀노소가 즐기는 책이 된 배경에 대해 그림책 전문가들은 두 가지 요인을 제시합니다. 하나는 심리적 요인입니다. 빠르게 변화하는 사회에서 현대인들은 경쟁에 내몰립니다. 자신을 돌아볼 여유도 없이 쫓기듯 살아갑니다. 그러다 보니 수많은 스트레스에 노출되어 정신적, 육체적 고통을 호소합니다.

그 결과로 우울, 불안, 의기소침 같은 신경증을 앓고 신체적 질병에도 취약합니다. 자연히 심리적 긴장과 불안감을 덜어 내고 외면과 내면의 균형을 찾고자 하는 욕구가 일어나고, 그 해소 방법으로 그림책을 찾게 되었다는 얘기입니다. 그림책에서 위로와 격려, 평온을 얻게 되었다는 분석입니다.

또 하나는 독서치료와 문학치료의 보급을 꼽습니다. 책을 매개로 심리적 어려움을 해소하는 독서치료, 문학치료가 확산되면서 그림책에 대한 관심이 높아졌다는 것이지요. 2000년대 들어 이 분야의 발전은 그림책의 치유적 가치를 인식하는 계기가 되었고, 그림책은 중요한 치료적 도구로 쓰이게 되었습니다. 치료적 도구로서 그림책의 활용은 그림책을 대하는 태도를 바꾸는 데 한몫했다는 것입니다. 치유적 관점에서 그림책이 좋은 방편이 되었다는 건 그림책을 사랑하는 사람으로서 환영할 만한 일입니다.

2 마음챙김

서구에 부는 마음챙김 혁명

최근 마음챙김과 명상에 대한 관심이 높아지고 있습니다. 명상 서적들도 많이 나오고 온라인과 오프라인에서 진행하는 명상 프로그램도 많아졌습니다. 누구나 쉽고 빠르게 명상을 할 수 있게 도와주는 명상 앱도 등장하여 언제 어디서든 명상하는 게 가능해졌습니다.

미국과 유럽에서는 우리보다 명상에 대한 관심이 더 높습니다. 명상 인구가 빠른 속도로 증가하고 있습니다. 미국의 시사 주간지인 〈타임〉지는 2014년 표지 커버로 명상이 새로운 문화 현상으로 자리 잡아가는 점을 들어 '마음챙김 혁명'이라고 표현했고, 8년 뒤인 2022년 표지에서는 마음챙김은 '건강과 행복으로 가는 통로'라는 부제목을 달았습니다. 마음챙김이 생활 속으로 깊이 파고들었음을 확인시켜 주었습니다.

미국 뉴욕에는 길가에 '명상 버스'가 세워져 있습니다. 배고프면 식당에 가듯이 마음만 먹으면 언제든 명상을 할 수 있습니다. 구글, MS 같은 글로벌 기업에서는 직원들의 창의력 차원에서 명상 프로그램을 운영하고 있고, 건물의 층마다 명상실을 둘 정도입니다.

명상은 여러 종교마다 존재해 왔습니다. 용어는 다르지만 마음 수련법으로서 명상을 해 왔습니다. 마음챙김, 명상 하면 종교를 먼저 떠올리는 분이 있지만 현대의 명상은 종교와 구분되고 종교적이지도 않습니다. 서구에서 명상은 세속적 종교를 믿는 사람들보다 영성을 추구하는 사람들에게 더 인기가 높습니다. 명상하는 사람은 종교인으로 불리기보다는 영성가로 불리길 원한다고 합니다.

요즘 마음챙김과 명상은 거의 같은 뜻으로 쓰입니다. 정확히 말하면 명상 안에 마음챙김이 있다고 봐야 합니다. 명상이 보편적인 용어라면, 마음챙김은 불교의 수행법 가운데 하나인 사띠가 서구로 건너가 마인드풀니스mindfulness, 즉 마음챙김이 되었습니다.

마음챙김의 어원은 팔리어로 사띠sati입니다. 서양에서는 마인드풀니스, 우리말로는 마음챙김입니다. 처음에는 알아차림, 마음지킴 같은 말도 함께 썼는데, 지금은 마음챙김으로 통합되었습니다. 사띠는 알아차림awareness, 주의attention, 기억remembering이라는 의미를 가지고 있습니다.

마음챙김의 정의는 학자마다 조금씩 다릅니다. 하지만 판단을 내려놓고 매 순간 경험에 온전히 주의를 기울인다는 점은 공통적입니다. 마음챙김은 현재 순간을 있는 그대로 받아들이는 태도로 몸과 마음에서 일어나는 현상을 자각하는 것을 의미합니다.

마음챙김은 순간순간의 알아차림으로 평소에는 관심을 갖지 않았던 대상에 의식적으로 주의를 기울임으로써 삶 속에서 통제력과 지혜를 키우는 자각기술입니다. 의도를 가지고 주의를 기울이면 에너지, 명료함, 즐거움을 얻고, 자동적인 습관에서 벗어나 사물을 있는 그대로 수용하게 됩니다.

끊임없이 현재로 돌아오기

영화 〈트루먼쇼〉로 유명한 미국의 배우이자 코미디언인 짐 캐리는 어느 날 한 인터뷰에서 마음챙김에 관해 이렇게 말했습니다.

"당신이 지금 이 순간에 존재하지 않는다면, 당신은 불확실한 미래를 보고 있거나, 과거를 보며 후회하고 고통스러워하고 있을 것이다."

그가 말하는 마음챙김은 지금 이 순간에 머물기, 즉 현존을 뜻합니다. 현존은 자신의 몸과 마음을 일치시키는 일이면서 삶 속으로 유연함과 인내심을 가져오는 일입니다. 우리가 현재에 머무는 시간이 늘어난다면 전보다 더 행복한 삶을 살게 됩니다.

연구에 의하면 10명 중 4명이 딴생각을 합니다. 강아지처럼 한곳에 가만히 있지 않고 분주히 돌아다닌다는 것입니다. 과거로 갔다가 미래로 갔다가 쉬지 않고 움직입니다.

그런데 과거와 미래에 대한 생각을 하면 할수록 밝고 가볍고 긍정적인 생각을 하기보다는 어둡고 무겁고 부정적인 생각을 더 많이 하게 됩니다. 후회와 자책, 걱정과 불안이 더 커집니다. 점점 더 괴롭고 힘들어집니다. 행복한 삶과는 거리가 멀어집니다.

우리가 현재로 돌아오면 과거에도 미래에도 가 있지 않게 되어 부정적인 생각에 빠지지 않게 됩니다. 생각의 고통에서 벗어나게 됩니다. 마음챙김은 과거와 미래로 달아나려는 생각을 알아차리고 이렇게 말하는 것입니다.

"너, 거기 있었구나. 이제 원래 자리로 돌아가자."

마음챙김은 잠깐 멈춰서 몸과 마음에서 일어나는 감각과 생각을 바라보는 것입니다. 잠깐 멈추는 행위만으로 우리가 취해야 할 새로운 선택지가 생깁니다. 이때 필요한 말과 행동을 하면 됩니다. 태도가 달라지면 사람과 맺는 관계의 질이 달라집니다.

마음챙김을 하면 해석하지 않고 일어난 상황을 좀 더 명확하게 보게 됩니다. 헬리콥터에서 바라보는 것처럼 전체적으로 자신의 몸과 마음, 상황, 상대를 조망하게 됩니다. 그렇게 되면 일상의 고통이 지혜로 바뀝니다. 그러려면 자주 멈춤의 시간을 가져야 합니다. 그림책 명상에서 하는 명상이 바로 마음챙김 수련입니다.

그림책 명상의 목표

우리가 지지고 볶고 사는 문제들을 살펴보면 개개인의 의식과 관련이 깊습니다. 즉 고통은 그 사람이 쓰는 의식을 넘어서지 못합니다. 의식의 수준은 곧 삶의 수준입니다. 의식은 말과 행동의 수준을 결정합니다. 의식이 '자기중심'의 좁은 울타리에 갇혀 있으면 이런저런 갈등과 대립으로 고통을 겪습니다.

반면 성숙한 의식을 가진 사람은 자기중심적인 사람들이 겪는 문제로 고통받지 않습니다. 그런 문제가 발목을 잡지 않습니다. 불필요한 방어기제도 사용하지 않습니다.

명상은 '자기중심'에서 '우리 중심'으로 의식을 전환하도록 해 줍니다. 낮은 수준의 의식에서 높은 수준의 의식으로의 전환은 개인적인 문제뿐 아니라 우리 사회의 수다한 문제를 해결하는 열쇠가 될 수 있습니다.

우선 명상을 하면 몸과 마음에서 일어나는 변화에 주의를 기울이게 됩니다. 외부 자극에 성급하게 대응하지 않게 됩니다. 알아차리는 힘이 깊어집니다. 그렇게 되면 대인 관계가 좋아지고 갈등이 줄어듭니다. 다른 이의 말에 더 많이 공감하게 되고 자애와 연민의 마음도 커집니다.

이러한 태도 변화는 우리 모두 소중한 존재이며, 소중한 존재들이 서로 연결되어 있다는 자각으로 이어집니다. 다른 이를 돕는 게 나를 돕는 일이 됩니다. 조화로운 사회를 만드는 데 밑돌이 됩니다.

성숙한 의식으로 가는 길이 명상에만 있는 건 아닙니다. 여러 길이 존재합니다. 명상은 그 길 중의 하나입니다. 하지만 명상은 동서양의 영적 전통 속에서 검증받아 온 지혜입니다.

그런 차원에서 더불어 평화롭게 사는 길은 명상을 습관화하는 것입니다. 그러려면 명상 시간을 정해 수련해야 합니다. 저는 그런 사람을 '명상 인류'라고 부릅니다. 명상 인류가 되면 성숙한 의식으로 살아갈 수 있습니다. 나와 남, 사회, 세상을 다르게 바라보는 눈을 갖게 됩니다.

그림책 명상의 궁극적인 목표는 명상 인류가 되는 것입니다. 그림책을 매개로 명상하면서 자주 내면을 방문하는 것입니다. 이런 과정을 거쳐 고통에서 벗어나 자유롭고 평화롭게 사는 것입니다.

3 그림책 명상이란

'노란 양동이'와 그림책 명상

대학원에서 통합심신치유학을 공부할 때 일입니다. 수강하던 강좌 중에 〈게슈탈트 심리치료〉라는 과목이 있었습니다. 이 과목은 학생들이 수업 시간마다 게슈탈트 기법 가운데 하나를 발표했습니다. 발표는 두 명이 한 조가 되어 진행했습니다. 그때 제 파트너와 저는 '문학 시연' 기법을 하기로 마음을 정했습니다.

어떤 문학 텍스트로 할까 고민하다가 문득 아이들에게

읽어 주던 그림책이 떠올랐습니다. '그래, 이게 좋겠다!' 책장을 뒤지다가 제 인생 그림책인 《노란 양동이》를 골랐습니다. 《노란 양동이》의 줄거리는 단순하지만 잔잔한 감동을 주는 책입니다. 누군가 숲속에 두고 간 노란 양동이와 주인공인 아기 여우가 일주일 동안 어울리며 겪는 에피소드로 구성되어 있습니다.

아기 여우는 친구들과 약속을 합니다. 일주일이 지나도 양동이의 주인이 나타나지 않으면 자신의 소유물로 삼기로 합니다. 그날부터 아기 여우는 매일 노란 양동이를 찾아갑니다. 일주일 동안 아기 여우는 노란 양동이와 즐거운 시간을 보냅니다. 양동이로 꽃밭에 물도 주고 놀이도 하면서 추억을 쌓아 갑니다.

아기 여우는 양동이가 자신의 것이 되리라 철석같이 믿습니다. 전날까지도 양동이가 그대로 있었으니까요. 그날 밤, 아기 여우는 마음이 설레어 잠을 설칩니다.

약속한 일주일이 되던 날, 노란 양동이가 있는 곳으로 달려간 아기 여우는 깜짝 놀랍니다. 양동이가 감쪽같이 사라져 버린 것입니다. 친구들이 다가와 아기 여우에게 안타까운 마음을 전합니다.

그런데 아기 여우는 안타까워하는 친구들을 위로합니다.

일주일 동안 노란 양동이와 함께 했던 추억을 소중히 간직하고 있다며 오히려 '괜찮다'고 말합니다. 울면서 떼를 써도 모자랄 판에 의연하게 친구들과 자신의 마음을 토닥입니다.

게슈탈트 발표 수업에서 많은 학생이 지켜보는 가운데 이 그림책을 천천히 읽었습니다. 그림책 읽기를 마쳤을 때 사람들이 술렁였습니다. 더 좋은 것, 더 많은 것을 소유해야 행복하다고 믿었는데, 아기 여우가 노란 양동이와 지내며 쌓은 즐거움과 추억을 소중히 여긴다고 하자 놀랐던 것입니다.

몇몇 사람들이 눈물을 흘렸고 분위기가 숙연해졌습니다. 예상치 않은 아기 여우의 태도 변화가 마음을 출렁이게 한 것 같았습니다. 그림책이 사람의 마음을 위로하고 치유한다는 걸 전부터 알았지만 이렇게 갑자기, 그것도 많은 사람을 일시에 '얼음땡'으로 만들어 놓을 줄은 몰랐습니다. 이날의 체험으로 그림책이 가진 힘을 새롭게 인식하게 되었습니다.

이후 사람을 치유하려면 전인적이고 통합적으로 이해해야 한다는 사실을 알았고, 마음챙김 명상을 수련하는 시간을 거쳤습니다. 지속적이고 근본적인 치유를 하려면 단순히 사람들의 마음 상태나 기분을 전환하는 것만이 아닌, 특성의 변화가 이루어져야 가능하다는 사실을 알았습니다. 그러기 위해서는 마음챙김 수련이 필요하다는 자각이 들었습니다.

그때부터 그림책과 마음챙김을 통합하는 방안을 모색하기 시작했습니다. 그림책이 가진 치유의 힘에다가 '지금-여기'의 인지적 통찰을 돕는 마음챙김 명상을 결합한다면 시너지 효과를 얻을 수 있겠다는 확신이 들었습니다.

그 뒤 프로그램을 만들고, 시험적으로 주변 사람들에게 그림책을 읽어 주고 명상을 했습니다. 당시 혜민 스님이 운영하던 마음치유학교는 좋은 임상 현장이 되어 주었습니다. 그곳에서 치유 작업을 하면서 만난 분들은 프로그램의 완성도를 높이는 데 도움을 주었습니다. 그렇게 몇 번의 수정을 거쳐 만들어진 프로그램이 지금의 그림책 명상입니다.

그림책으로 배우는 마음공부

그림책 명상은 그림책과 명상을 결합한 프로그램입니다. 그림책을 방편으로 하는 마음공부 프로그램이라고 말할 수 있습니다. 그림책이 가진 정서적 치유 기능과 마음챙김 명상이 지닌 각성적 성찰 기능이 통합되어 있습니다. 그림책과 명상은 모두 내면의 상처와 미해결 과제 등 우리의 의식과 무의식을 들여다보게 해 줍니다. 또 알아차림을 통해 각성적 성찰을 이끌어 내는 데 유용합니다. 그런 의미에서 그림책과 명상은 궁합이 잘 맞는 편입니다.

그림책을 읽으면 '나'라는 존재와 지금까지 살아온 '나의 인생'이 만납니다. 일상생활에서 맞닥뜨리는 문제를 경험합니다. 현재 내면에서 전투를 벌이는 욕망과 과제를 만나게 됩니다. 때때로 지하 1층과 2층에 있던 어두운 감정과 기억이 올라오는 경험을 하기도 합니다. 즉 '영혼의 현실'을 보게 됩니다. 글과 그림, 이야기와 시각적 요소가 결합된 그림책은 만남과 접촉, 알아차림으로 우리 앞에 있는 문제와 직면하도록 해 줍니다.

그림책이 알아차림을 경험하게 하는 임팩트한 텍스트라면 마음챙김 명상은 알아차림을 향상시켜 줍니다. 내면에서 일어나는 이런저런 감정과 생각을 회피하지 않고 보면서 평화와 안정감을 찾게 도와줍니다. 이때 지하 1층과 2층, 더 깊고 어두운 3층의 무의식 세계를 만나기도 합니다. 여전히 해결되지 않은, 꾹꾹 눌러 온 상처와 마주하게 되지요.

명상은 자신을 괴롭히는 스트레스의 원인을 새로운 각도로 보고, 새롭게 관계를 맺도록 도와줍니다. 명확한 의도를 가지고 주의를 기울이고 마음을 고요히 집중하면, 스트레스와 불안, 강박증을 줄이고 마음의 여유와 안정을 찾는 데 도움이 됩니다. 이렇듯 과학적으로 입증된 명상의 효과는 스트레스를 해소하고 주의의 질質을 높여 주며, 자기 연민과 자비를 늘려 주고 자기에 대한 감각sence of self을 키워 깨달음을 얻게 해 줍니다.

그림책 명상은 그림책과 마음챙김 명상의 공통점을 바탕으로 꾸며졌습니다. 마음을 치유하고 의식을 성숙하게 변화시키는 데 도움을 줍니다. 그림책 명상은 알아차림을 기반으로 하는 자기 치유 마음공부법입니다.

그림책 명상의 대상

그림책 명상은 개인이 혼자서 할 수도 있습니다. 혼자 할 때는 이런저런 형식에서 벗어나 자유롭고 편하게 하면 됩니다. 자신의 필요에 따라 고른 그림책을 천천히 두 번 읽습니다. 그리고 잠시 멈춥니다. 눈을 감고 몸과 마음에서 어떤 감각이 일어나고 어떤 느낌과 감정, 생각이 떠오르는지 관찰합니다. 단, 판단하는 마음, 의심하는 마음을 내려놓는 게 좋습니다. 온전히 수용하는 마음, '그렇구나' 하는 마음으로 허용할 때 진실한 나와 만나게 됩니다. 이 과정에서 새롭게 알아차린 점이 있는지 자문해 봅니다.

진행자와 함께 여러 명의 참여자와 집단 형태로도 가능합니다. 보통의 경우, 혼자서 하기보다는 집단 형태로 하는 경우가 더 많습니다. 다만 진행자를 중심으로 할 때는 진행자가 참여자의 수준을 고려하여 그림책을 선정하고 세심하게 프로세스를 짜야 합니다. 그림책을 고르는 과정과 그림책을 읽고 나누는 과정에서 섬세한 주의와 준비가 필요합니다.

진행자는 그림책이 지닌 치유 효과를 이해해야 합니다. 그림책이 가진 치유 효과와 이야기 속에 들어 있는 의미들을 전달하도록 애써야 합니다. 진행자의 가장 큰 역할은 참여자들이 자기 자신을 스스로 들여다보도록 하는 것입니다. 참여자가 보이는 다양한 반응을 주의 깊게 살피고 족쇄처럼 걸려 있는 감정을 기꺼이 노출하도록 용기를 주면서, 참여자 자신이 스스로의 내면을 직시하도록 해 주어야 합니다.

그림책 명상에 참여한 사람은 환자가 아닙니다. 따라서 환자로 취급하는 실수를 저지르면 안 됩니다. 오히려 참여자는 그림책에 관심이 있거나 그림책의 여러 면을 탐구하려는 사람에 가깝습니다. 그림책을 읽으며 영혼의 현실을 목도하고 치유하기를 원하는 사람들입니다. 참여자들은 자발적으로 지원한 사람들이기 때문입니다.

그림책 명상의 효과

그림책 명상에 참여한 분들은 그림책의 등장인물과 상황을 경험하면서 자신과 동일시합니다. 그러면서 다른 참여자의 경험을 듣습니다. 이때 카타르시스를 느끼며 자신을 객관적으로 돌아봅니다.

또 지금껏 살아온 자신의 정체성을 발견하고 굳어진 사고, 잘못된 인식을 알아차리고 유연한 사고로 바꿉니다. 자신의 삶을 변화시키기는 중대한 결정을 하기도 합니다. 또한 자신의 핵심감정을 들여다보고 스스로 해결책을 찾으면서 치유를 경험합니다. 그림책 명상이 주는 치유 효과는 네 가지로 정리할 수 있습니다.

① 자기 이해가 커지며 삶의 가치를 깨닫는다
참여자들은 그림책을 읽으면서 자신이 겪는 영혼의 현실을 확인하고 발견합니다. 이들은 그림책을 읽고 나서 이렇게 말합니다.
"이 그림책의 등장인물이 바로 저예요."
"이 그림책은 제 얘기예요."
치유 세션을 진행하다 보면 매번 이런 참여자들이 나옵니다. 열렬하게 자신의 이야기라고 털어놓습니다. 이 경험은, 참여자로 하여금 그동안의 심리적 문제, 미해결 과제와 만나도록 돕습니다. 무엇보다 다른 참여자들과 공유하는 과정에서 자신이 겪는 문제가 자신만의 문제가 아니라는 사실을 이해하고 받아들입니다.

참여자(50대 중반 남성)

아저씨가 우산을 아낀 나머지 비가 와도 쓰지 못하는 장면에서 나 자신과 닮았다는 걸 알아차렸다. 아저씨가 곧 나였다. 나는 새로 물건을 사면 바로 사용하지 못하고 한참 뒤에나 써 왔다. 인생도 그렇게 살았다. 중요한 순간에 도전하기를 멈추고 주저하고 망설였다. 나중에 아저씨는 우산을 쓴 아이들을 보고 참다운 기쁨을 발견하고 비로소 우산을 꺼내 사용한다. 아저씨처럼 대상이 어떤 것이든 아끼고 무서워 사용하지 못하는 일은 없어야겠다. 지금, 여기에 집중하면서 즐기는 삶이야말로 풍요롭게 사는 길이다. _그림책《아저씨 우산》수업

②잘못된 신념을 깨닫고 타인과 상호 작용하는 방식이 변화한다

그림책 명상을 마치고 나면, 참여자들은 그동안 자신의 가치나 신념이 잘못된 가정과 전제에서 비롯되었다는 사실을 알아차립니다. 참여자들은 에고의 실체를 보고 자신을 고통 속에 빠트린 무지와 자기중심성을 자각합니다. 지금껏 인간관계를 맺으며 습관처럼 자기중심적인 생각을 했고 그것을 당연하게 여겨 왔음을 깨닫습니다. 이러

한 자각은 다른 사람과의 관계를 회복시키는 전환점이 됩니다.

> 참여자(40대 초반 여성)
> 나에게 있어 커다란 나무는 남편이다. 남편이 지방에 멀리 있으면 문제가 없지만 가까이 있으면 불평과 불만스러운 일만 찾게 된다. 남편은 성가신 존재였다. 그러나 《두고 보자! 커다란 나무》를 읽고 나서 그렇게 성가셨던 남편이 얼마나 소중한 사람인지 깨달았다. 남편에게 미안한 마음이 든다. (눈물을 흘리며) 잘 해 주어야겠다.
>
> _그림책《두고 보자! 커다란 나무》수업

③ 카타르시스를 경험하고 자신의 다양한 정체성을 수용한다

그림책 명상 참여자들은 그림책을 읽고 나누고 명상을 하면서 미처 깨닫지 못했던 자신을 발견합니다. 과거의 기억과 경험을 떠올리며 그동안 잊고 있었거나 미처 몰랐던 자신의 정체성을 발견하고 수용합니다. 자신 안에 다양한 '나'가 존재한다는 사실을 이해하고 수용합니다.

참여자(40대 후반 여성)

삶의 주인이 된다는 게 무엇인지 오십을 바라보는 지금에서야 깨닫고 있다. 제 삶에 찾아온 변화들이 놀랍고 감사할 뿐이다. _그림책《호랑이 씨 숲으로 가다》수업

④ 창조적인 삶의 목적을 재설정하다

그림책은 남녀노소 상관없이 모든 연령층의 보편적인 감정선을 건드립니다. 또 그림책을 거울삼아 지난 삶을 비춰보고 나름의 의미를 부여합니다. 이러한 과정은 현실을 새롭게 바라보고, 자신을 주인공으로 하는 창조적인 이야기를 써 나가는 힘이 됩니다.

참여자(40대 중반 여성)

그림책《점》은 나의 이야기이다. 《점》은 나에게 출발을 뜻한다. 나는 고심 끝에 이혼을 했다. 내가 아이 둘을 책임져야 한다. 이혼 당시도 그렇고 지금도 그렇고 막막한 건 변하지 않았다. 그런데 이 그림책을 보면서 위안을 얻었다. 그림책 속 주인공은 무에서 유를 만들어 냈다. 그림 그리는 걸 싫어하는 아이에서 그림 전시회를 연 유명 화가가 되었다. 하고자 하는 열망과 의지가 있었던 것이

다. 내 처지도 이와 다르지 않다. 주인공 아이처럼 하고자 하는 열망과 의지를 갖는다면 하지 못할 일이 없을 것이다. 두렵지 않다. 나는 출발선에 서 있다. 그림책에서 용기와 함께 어떻게 살아야 하는지 배운다. 나의 삶은 아직 끝나지 않았다. _그림책《점》수업

일본의 그림책 평론가인 야나기다 구니오는 그림책은 "마음의 재생 역할"을 한다고 말합니다. 그림책의 힘은 "내일을 사는 힘이 되며, 인생을 떠받쳐 주는 힘"이 된다고 강조합니다. 제가 지금껏 경험한 것도 다르지 않습니다. 그림책 명상은 참여자의 주어진 상황을 변화시키고 시선을 바꾸어 줍니다. 참여자 스스로 자신을 존중하고, 더욱 건강하게 발전시키는 방법을 터득하게 해 줍니다.

2장

그림책 명상 준비

1 그림책 명상의 요건

그림책 선정 기준

그림책을 고를 때는 각별한 주의가 필요합니다. 혼자서 진행할 때는 현재 자신의 상태와 걸맞은 책을 고르면 되지만 집단 형태로 진행할 경우에는 참여하는 사람의 연령, 성별, 직업군에 따라 그림책을 고르는 기준이 달라지기 때문입니다.

기본적인 원칙은 보편적인 주제를 가진, 그래서 어느 연령에게나 적용이 가능한 그림책을 고른다는 것입니다. 대상에 맞춰 그에 걸맞은 그림책을 고르는 게 일반적입니다. 참여자의 독서 수준을 기준으로 쉽고 이해하기 좋은 책을 고릅니다. 참여자의 흥미를 고려하는 것도 잊지 않습니다.

그림책을 골랐으면 각 단계에 맞는 활동 계획을 세웁니다. 그림책 명상의 진행 순서는 도입-공유-통각-창조 단계로 구성되어 있습니다.

먼저 도입 단계에서는 어떤 활동으로 관심을 끌고 주제에 접근할 것인지를 고려합니다. 그다음, 그림책을 읽고 몸과 마음에서 일어나는 감각, 느낌, 생각, 감정을 나누는 공유 단계로 이어집니다. 통각 단계에서는 명상을 할 때 어떤 질문과 활동으로 참여자들이 더 잘 알아차릴 수 있도록 안내할지 준비합니다. 공유하는 경험을 어떻게 통합하고 수용할 것인지도 미리 생각해 놓으면 좋습니다. 창조 단계에서는 어떤 방식으로 깨우침을 표현할 것인지 고려합니다. 글로 표현하기 어려워하는 참여자에게는 그림이나 기호, 찰흙 또는 몸으로 표현하도록 허용합니다.

그림책 명상의 그라운드룰

그림책 명상에서는 진행자와 참여자 사이의 신뢰 관계가 가장 중요합니다. 신뢰가 없으면 진행은 물론 치유 효과도 떨어집니다. 따라서 진행자는 자신을 소개하는 과정에서부터 공신력을 쌓아야 하며 그림책 명상의 목적과 가치, 진행 과정, 효과를 알기 쉽게 전달해야 합니다.

진행자와 참여자 사이의 신뢰 못지않게 참여자끼리의 신뢰도 중요합니다. 참여자 사이에 믿음이 없으면 말하기를 꺼리게 되고 주저하게 됩니다. 그림책 명상에서는 대화와 공유를 촉진하고 참여자들이 지켜야 할 규칙을 정해 놓았습니다. 그림책 명상 그라운드룰입니다.

①참여자들은 공감 대화법을 사용해야 합니다. 공감 대화법은 참여자가 발표할 때 앞의 참여자가 발표한 내용의 핵심을 요약하면서 지지와 공감을 보내는 것입니다. 그런 다음 자신이 하고자 하는 말을 발표합니다. 공감 대화법은 인정과 존중의 분위기를 만들어 줍니다.

②진행자와 참여자, 참여자와 참여자 사이에 옳고 그름을 따지는 토론은 금지합니다. 하지만 긍정적인 지지나 질문은 권장합니다.

③프로그램을 하면서 알게 된 이야기나 사적인 정보는 다른 곳에서 말하지 않겠다고 약속합니다. 참여자들의 자유로운 표현 공간을 확보하는 데 필요합니다.

④참여자는 자신의 느낌, 감정, 생각, 경험을 자유롭게 말할 수 있으나 다른 참여자를 고려하여 장황하게 말하지 않도록 주의합니다.

⑤참여자는 자신의 발표 순서가 돌아왔을 때 할 말이 없으면 '패스'를 선언할 수 있습니다. 발표해야 한다는 부담을 갖지 않아도 됩니다. 다만 모두에게 공평하게 발언할 기회를 주되 개개인이 가진 개별성과 고유성은 존중해 줘야 합니다.

⑥글로 표현하기 어려우면 그림이나 이미지, 기호로 표현해도 괜찮습니다. 알아차린 것을 표현하는 수단은 자유롭게 선택합니다.

⑦참여자는 정답을 말해야 한다는 부담을 갖지 않아도 됩니다. 자신의 주관적 느낌과 감정, 생각을 자유롭게 표현합니다. 이때 다른 참여자는 공감적 경청의 자세로 들으며 자신의 몸과 마음에서 일어나는 움직임을 알아차립니다.

그림책 읽어 주는 방법

그림책은 크게 앞표지, 뒤표지, 면지, 타이틀(속표지), 본문(속지)으로 구성되어 있습니다. 먼저 앞표지는 제목과 그림으로 이루어져 있고 책의 주제와 전체적인 분위기를 표현합니다. 제목을 비롯하여 그림책에 나오는 인물이나 배경 같은 그림책의 내용을 예측할 만한 요소를 담고 있습니다.

뒤표지는 말 그대로 그림책의 맨 뒷장입니다. 그림책을 덮었을 때의 여운을 위해 작은 그림으로 마무리하거나 앞표지와 하나로 연결된 이미지를 씁니다. 간혹 본문의 내용을 이어 가거나 본문에 없던 이미지를 쓰기도 합니다.

면지는 표지를 열었을 때 나타나는 두 페이지의 펼친 면과 뒤표지 전의 두 페이지짜리 공간입니다. 제본할 때 책의 알맹이와 표지를 연결하는 역할을 합니다. 무대에 비유하면 '막' 같은 역할입니다. 그림 없이 색으로만 되어 있거나 그림이 그려진 경우도 있습니다. 어떤 그림책은 이야기를 면지에서 시작하기도 합니다.

타이틀은 앞표지와 면지에 이어지는 화면입니다. 본격적으로 그림책이 전개되는 그림책의 도입부입니다. 그림책의 세계로 독자를 끌어들이는 역할을 합니다. 독자는 풍부한 타이틀 화면을 보는 것만으로도 그림책에 대한 기대가 부풉니다.

본문은 본격적인 그림책의 내용이 전개되는 부분입니다. 보통 16쪽 구조로 되어 있습니다.

그림책 명상에서 그림책을 읽는 사람은 진행자입니다. 그림책을 잘 읽으려면 진행자는 그림책 구조를 이해해야 합니다. 그림책은 읽는 책이라기보다는 들려주는 책입니다. 그림책 명상에서 진행자가 그림책을 읽어 줄 때 깊은 공감과 울림이 있는 목소리로 읽어 주면 참여자들은 귀로 언어를 듣고, 눈으로 그림 전체와 자세한 부분까지 집중하며 듣습니다. 몸 전체로 그림책의 세계로 풍덩 빠집니다. 이 체험은 현실을 잊고 깊이 몰입하게 해 줍니다.

그림책 읽어 주기는 진행자와 참여자 사이에 긴장과 몰입, 감성적인 교감이 일어나는 시간입니다. 참여자의 반응을 관찰하고 적절한 질문을 제시하며, 사고 활동을 공유합니다. 특히 그림책 읽어 주기는 진행자가 그림책의 글은 물론 그림까지도 실감 나고 생동감 있게 들려주는 개방적인 행위입니다. 목소리를 통해서 느껴지는 곡조, 리듬, 음악성은 참여자의 내면을 깨우고 사고를 변화시킵니다.

그림책을 읽어 줄 때는 천천히 담담하게 두 번 읽습니다. 첫 번째는 글과 그림을 중심으로 읽고, 두 번째 읽을 때는 그림을 중심으로 읽습니다. 처음 읽었을 때 보지 못한 것을 새롭게 발견하게 됩니다.

가능하면 전체를 가볍게 천천히 읽는다는 마음으로 읽되 다음 페이지로 넘어갈 때는 잠시 멈춥니다. 그림책 읽기에서 쉼, 즉 포즈pause는 참여자를 배려하는 일입니다. 이때 참여자들은 페이지를 넘기는 순간에 앞의 내용을 정리하며 다음 내용을 기다리게 됩니다. 포즈는 그림책 속으로 빠져들게 하는 매력적인 기술입니다. 쉼표, 말줄임표, 마침표, 줄이 바뀔 때, 한 문장 안에서 의미가 바뀔 때 포즈를 하면 참여자들은 더 몰입하게 되고 그림책에 폭 젖는 이중 효과를 경험하게 됩니다.

그림책 명상 진행 순서

그림책 명상의 순서는 앞에서 소개했듯이 네 단계를 거칩니다. 도입-공유-통각-창조 단계입니다. 각 단계는 긴밀히 연결되어 있어 세심하게 살펴서 진행해야 합니다.

①도입 단계

그림책 명상에 대한 이해를 높이고 참여자의 흥미를 유발하는 단계입니다. 참여자의 마음을 가라앉히고 집중하게 하는 워밍업 과정입니다. 진행자와 참여자 사이의 친밀감을 형성하면서 참여자들이 감각과 느낌을 자연스럽게 표현하도록 해 줍니다. 신체와 환경 자각하기를 비롯하여, 마음의 날씨를 색종이로 뽑기, 그림으로 표현하기 같은 활동으로 알아봅니다. 또 동서양의 지혜를 52개 미덕 카드에 담은 버츄카드를 활용해 현재 참여자의 처지와 카드 속 내용과의 연관성을 찾아봐도 좋습니다. 그림책 내용과 관련된 시와 노랫말 낭송, 그림 그리기 같은 활동도 도움이 됩니다.

②공유 단계

그림책을 읽고 느낌과 생각을 나누는 단계입니다. 참여자는 이 단계에서 그림책의 등장인물과 동일시를 경험하며 과거의 나를 만납니다. 또 현재 자신이 맞닥뜨리고 있는 문제를 알아차리게 됩니다. 영혼의 현실을 마주하게 됩니다. 다른 참여자의 발표를 들으며 자신의 경험과 견주기도 합니다.

이 단계에서는 그림책 표지와 작가를 소개하고 그림책을 천천히 읽습니다. 읽기를 마치면 돌이켜 보는 시간을 갖고, 지금 이 순간의 몸의 감각과 느낌, 감정, 생각, 욕구 등을 관찰하는 스톱STOP 명상을 합니다. 스톱 명상은 심호흡을 한 뒤, 그림책이 준 자극이 자신에게 어떻게 나타나는지 그 반응을 관찰하는 명상입니다. 이때 진행자가 하는 공통 질문은 세 가지입니다.

-지금 이 순간 내 몸과 마음에서 일어나는 느낌, 감각, 생각, 감정, 욕구는 무엇인가?
-그림책을 읽어 줄 때 내 마음이 머문 곳(인상적인 장면과 대사)은 어디인가?
-과거 혹은 최근에 떠오르는 사람과 경험은 무엇인가?

참여자들은 공통 질문에 답하면서 그라운드룰인 공감 대화법을 활용합니다. 한 참여자가 발표하면 그다음 발표자는 앞의 발표자가 말한 핵심 내용을 간추리거나 공감한 대목을 말합니다. 그런 뒤에 자신의 얘기를 시작합니다. 앞사람의 말을 경청했다는 존중의 표시입니다.
공유하는 과정에서 참여자들은 종종 자신이 당연하게 여

겼던 신념이 잘못되었음을 깨닫습니다. 그 어리석음이 자기중심적 사고에서 기인한 것도 알게 됩니다. 일종의 해방감과 함께 감정 정화, 카타르시스를 경험합니다.

③통각 단계
그림책을 읽고 공유하는 과정에서 일어나는 모든 경험을 수용하면서 변화를 경험하는 단계입니다. 앞서 단계에서 나왔던 이야기를 돌아보면서 내면에서 일어나는 움직임을 관조합니다.
이 단계에서 진행자의 명상 안내문에 따라 명상을 합니다. 지금까지의 과정을 돌아보면서 깨우침을 정리하는 시간입니다. 참여자들은 눈을 감은 뒤 다음과 같은 안내문을 주의 깊게 듣습니다.

모두 잠시 눈을 감습니다. 이제부터 밖으로 향한 우리의 눈을 안으로 돌려 봅니다. 지금까지 우리는 그림책을 읽고 나누는 시간을 가졌습니다. 돌이켜 보는 시간을 갖습니다. 세션 중에 나누었던 문장이나 말 중에서 가장 기억나는 것을 떠올려 봅니다. 그 이유도 생각해 보세요. 그것이 지금의 나에게 던지는 메시지는 무엇이고, 지금 나에

게 필요한 것은 무엇인가요? (잠시 침묵)

이제부터는 이 묵상에서 얻은 자각이나 깨우침을 짧은 글이나 시로 표현해 봅니다. 솔직하게 표현합니다. 글 쓰는 일이 어려운 분은 그림이나 이미지, 기호로 표현해도 됩니다. 먼저 머릿속으로 떠올려 보세요. 정리가 된 분은 천천히 눈을 뜨셔도 됩니다.

이 단계에서의 명상은 그림책 명상 참여 횟수, 명상 수련 경험에 따라 탄력적으로 운영합니다. 처음에는 3~4분 정도, 경험이 많아지면 8~10분 또는 이상으로 늘려도 좋습니다.

④ 창조 단계

참여자들이 통각 단계에서 쓴 글과 그림 등을 공유하고 발표합니다. 이 단계에서 참여자는 다시 한번 자신을 객관화하여 이해하게 됩니다. 또 긍정적인 감정을 가지고 새로운 삶의 방향을 설정하게 됩니다. 새로운 관점으로 자신의 태도를 정하고 행동 전략을 짜기도 합니다.

사람들은 누군가에게 마음을 여는 것만으로도 자신이 지

닌 아픔의 80%가 치유된다고 합니다. 마음을 열고 자신의 얘기를 털어놓는다는 것 자체가 자신이 놓인 현재 상황을 자각하는 셈이 되니까요. 자각은 치유로 이어집니다. 그림책 명상의 전 과정은 진행자와 참여자, 참여자와 참여자 간의 공유가 바탕이 되어 진행됩니다. 그렇기에 진행자나 참여자 모두 서로를 돕는다는 마음을 가져야 합니다. 진행자는 참여자의 소감과 의견을 공감하고 경청하는 태도를 유지하면서 교과서적인 일률적인 가르침을 전달하기보다는 감성을 가지고 상처를 치유하려는 자세를 가져야 합니다. 참여자 또한 적극적으로 자신을 노출하고 공유하려는 마음을 가질 때 치유 효과가 높아집니다.

2 그림책 명상의 기본 명상

그림책 명상에서 가장 기본이 되는 명상은 호흡 명상과 STOP 명상입니다. 호흡 명상은 제일 기본이 되는 명상이고, STOP 명상은 그림책 읽기를 마치고 참여자 스스로 자신의 내면을 돌이켜 보는 시간을 가질 때 쓰이는 명상입니다. 그림책 명상은 키워드마다 서로 다른 명상을 수련합니다. 그 명상법은 '실전 그림책 명상' 파트에서 다룹니다. 여기서는 호흡 명상과 STOP 명상 방법을 소개합니다.

호흡 명상

호흡 명상은 눈을 감고 호흡을 바라보는 명상입니다. 눈을 감으면 외부로 향해 있던 시선이 내면을 향하게 됩니다. 자신이 무얼 하는지 비로소 알게 되고, 외부와 내면 사이에 균형을 회복합니다.

호흡은 마음의 상태를 측정하는 바로미터입니다. 화가 나면 얼굴이 붉어지고 호흡이 거칠어지고, 마음이 편안하면 호흡도 고요해집니다. 화가 나면 다른 생각을 하지 못할 정도로 주의의 폭이 좁아지고 감정적으로 바뀝니다. 이때 호흡에 집중하면 금세 마음의 상태가 바뀌는 경험을 하게 됩니다.

호흡에 집중하면 의도적으로 자율신경계를 조절하게 됩니다. 이렇게 되면 스트레스로 생긴 긴장이 풀리고 신체의 불편한 증상이 개선됩니다. 당연히 질병 치료에 도움이 됩니다. 호흡을 관찰하는 건 가장 쉬운 명상법이면서 신체적으로 심리적으로 이익이 많은 명상입니다.

호흡 명상을 시작할 때 제일 먼저 호흡에 주의를 기울입니다. 콧속이든 아랫배든 들고 나는 들숨과 날숨에 집중합니다. 숨을 쉬면서 몸의 긴장을 풀고 마음을 고요한 상태로 만듭니다.

호흡 명상은 몸에서 일어나는 기본 생명 활동인 호흡에 주의를 둠으로써 방황하는 마음을 몸에 밀착하도록 해 줍니다. 그렇게 되면 몸과 마음이 깊게 연결됩니다. 현재의 호흡에 집중함으로써 지금 이 순간을 마음챙김 하게 됩니다. 마음이 현재에 머무를 때 몸과 마음은 저절로 이완되고 편안해지고 안정됩니다. 명확한 마음의 눈을 갖게 돼, 생각과 느낌, 상황과 사물을 더 넓은 관점에서 보게 됩니다.

STOP 명상

그림책 명상에서 자주 쓰는 명상입니다. 호흡 명상이 기본 명상이라면 STOP 명상은 응용 명상입니다. STOP 명상은 MBSR(Mindfulness-based stress reduction) 프로그램에서 소개된 명상으로 일상에서 생긴 스트레스와 불안을 줄이는 비공식 수련 방식입니다.

그림책 명상에서의 STOP 명상은 그림책을 읽고 난 뒤, 몸과 마음에서 일어나는 움직임과 변화를 관찰하고 알아차리는 방식으로 사용합니다. 그림책을 읽기 전, 읽는 중간, 읽기를 마친 뒤, 몸과 마음에서 느껴지는 신체감각을 알아차리고, 느낌, 감정, 생각을 관찰하기 위해서입니다. STOP 명상은 4단계로 이루어집니다. STOP의 이름은 각 단계의 첫 글자에서 따왔습니다.

S = Stop(멈추기)
T = Take a breath(숨쉬기)
O = Observe(관찰하기)
P = Proceed(나아가기)

첫 번째 단계 S는 Stop으로 '멈추기'입니다. 그림책을 읽고 멈추고 머무르는 단계입니다. 몸과 마음의 움직임에 대해 '이렇다' '저렇다' 하는 판단과 분별을 내려놓는 시간입니다.
두 번째 단계 T는 Take a breath로 '깊이 호흡하기'입니다. 눈을 감고 행동을 멈췄다면 심호흡을 통해 마음을 안정시키는 과정입니다. 심호흡을 세 번 정도 하면서 몸의 긴장을 풀고, 턱, 목, 어깨, 다리, 발이 굳어져 있는지 살핍니다. 감각을 섬세하게 알아차리려면 필요한 과정입니다.

세 번째 단계 O는 Observe로 '관찰하기'입니다. 현재 내 안에서 무슨 일이 일어나는지를 말 그대로 살핍니다. 그림책을 읽고 난 뒤 어떤 변화나 심리적 역동이 일어나는지 알아차리는 시간입니다. 그림책을 읽기 전, 중간, 그림책 읽기를 마친 후 마음에서 일어나는 느낌, 감정, 생각, 의도를 살핍니다. 어떤 감정과 생각, 욕구가 올라오든 환영하는 마음으로 바라봅니다.

마지막 단계 P는 Proceed로 '나아가기, 진행하기'의 의미입니다. 지금 내 안에서 일어나는 일들(자신의 생각, 감정, 감각 등)을 관찰하는 시간을 거쳐 자신의 경험과 다시 연결을 맺고 하던 일을 계속한다는 의미입니다. 앞의 관찰하기에서 알아차린 몸과 마음의 변화를 참여자들과 나누고 발표합니다.

STOP 명상이 MBSR에서는 현재로 돌아오기 위한 방법으로 쓰였다면, 그림책 명상에서는 그림책을 읽고 난 뒤 몸과 마음에서 일어나는 변화와 역동을 알아차리는 명상으로 사용합니다. 그림책의 의미를 이해하고 내 영혼의 현실과 무의식적인 흐름을 보게 하고, 그림책이 주는 통찰을 자각하도록 해 줍니다.

3장

실전 그림책 명상

1 의도적인 멈춤

멈추면 비로소 보이는 것

옛날에 자기 그림자와 발자국이 두렵고 싫은 사내가 있었습니다. 사내는 그것들에서 멀리 떨어지기 위해 달리고 또 달렸습니다. 그렇게 하면 그림자와 발자국으로부터 벗어나리라 믿었지요. 하지만 발을 들어 올리는 횟수가 많아지고, 달리는 속도가 빠를수록 그림자는 몸에서 떨어지기는커녕 더 달라붙었습니다.

사내는 자신이 느린 탓으로 여기고 더 속도를 높였습니

다. 한순간도 쉬지 않고 달리는 데 온 정신을 쏟았습니다. 하지만 그럴수록 그의 간절한 소망과는 점점 멀어졌습니다. 그림자는 한시도 놓아주지 않았지요. 체력이 바닥이 난 사내는 더 이상 힘이 빠져 달리기를 멈췄고, 그 자리에 쓰러져 죽었습니다. 이 우화는 《장자》의 '어부' 편에 나오는 이야기입니다.

사내가 비참한 최후를 맞은 이유는 무엇일까요? 당장이라도 그늘로 들어가면 그림자는 사라진다는 사실, 멈추면 발자국이 생기지 않는다는 점을 몰랐기 때문입니다. 이 무지가 사내를 잡은 셈입니다.

이런 어처구니없는 사내들을 제 주위에서 쉽게 발견합니다. 모두 앞만 보고 달린다는 점에서 닮았습니다. 이들은 무언가에 강박적으로 쫓기며 주위를 둘러볼 여유조차 없습니다. 여유가 없으니 다른 생각을 할 겨를이 없지요.

사내의 죽음을 막는 방법은 간단합니다. 그늘로 들어가거나 발걸음을 멈추면 됩니다. 굳어진 삶의 관성과 패턴에서 벗어나 휴식을 취하면 됩니다. 질주의 굴레에서 한 발짝 물러서서 멈추면 됩니다. 마음챙김 명상의 선구자인 존 카밧진 박사의 표현을 빌리면 '의도적으로 잠시 죽는' 순간이 필요합니다.

"지금 '죽음으로써' (모든 것들로부터 놓여남으로써) 사실상 지금 더 활발히 살아 숨쉴 수 있게 된다. 멈춤이 해주는 일이란 바로 이런 것이다. 그리고 다시 움직이기로 마음먹는다면, 잠시 멈췄었기 때문에 전혀 다른 움직임이 될 것이다. 멈춤 덕에 움직임이 더 생생해지고 더 풍요로워지고 더 섬세해진다."

멈추면 비로소 보인다고 합니다. 삶에서 잠깐의 멈춤은 지금까지와는 다른 삶을 살 가능성을 높여 줍니다. 존 카밧진의 말대로 생생하고 풍요롭고 더 섬세한 삶을 살게 됩니다. 그림책 명상의 첫 번째 키워드가 '의도적인 멈춤'인 이유입니다.

그림책 명상에서는 의도적인 멈춤을 훈련하는 방법으로 호흡 명상을 수련합니다. 호흡 명상은 분주한 마음을 하나로 모으고, 외면과 내면의 균형을 회복시켜 주는 기본적이고 중요한 명상입니다.

수련 – 호흡 명상

호흡 명상은 앞에서 다뤘으므로 여기에서는 호흡 집중 명상과 호흡 관찰 명상 방법을 소개하겠습니다. 호흡 명상은 호흡 집중 명상과 호흡 관찰 명상으로 나뉩니다.

호흡 집중 명상은 주의를 호흡에 두고 마음이 다른 데로 달아나지 않도록 하는 명상입니다. 즉 호흡을, 배를 정박할 때 쓰는 닻으로 삼아 주의를 기울이는 방식입니다.

하지만 우리 마음은 원숭이처럼 가만있지 못합니다. 원숭이가 이 나무 저 나무로 오르락내리락하듯이 마음 역시 분주하게 움직입니다. 이때는 숨을 쉬면서 숫자를 세면 견고하게 호흡에 머물 수 있습니다. 들숨과 날숨을 한 번 할 때 1 또는 하나라고 세고, 또 들숨과 날숨을 쉬고 나서 2 또는 둘이라고 숫자를 붙이는 방법입니다.

처음 명상을 하는 분은 숫자를 1~5까지 센 뒤 다시 반복합니다. 익숙해지면 1에서 10까지 세고, 이번에는 역순으로 10에서 1(10→1)로 내려오면서 셉니다. 초보자인 경우에는 5~8을 넘지 않도록 합니다. 그래야 집중 상태를 유지하기 좋습니다. 숫자를 세며 호흡에 집중하는 동안 딴 생각이 들었다면 숫자 세는 것을 멈추고 처음부터 다시

하면 됩니다. 예를 들어 1에서 10까지 세는 동안 4에서 주의가 흐트러졌다면 다시 1에서 시작합니다.

호흡 관찰 명상은 호흡에 주의를 두되 집중하는 대상을 열어 두는 open monitoring 명상 방법입니다. 이 명상 방법은 주의를 호흡에 두면서 마음이 이리저리 떠도는 것을 거부하지 않습니다. 마음이 호흡을 알아차리는 동안 자신의 의도와 관계없이 일어나는 감정과 생각, 기억을 알아차리면 됩니다. 생각과 기억들로 인한 감정의 동요나 변화, 들려오는 소리와 향기, 몸으로 느껴지는 피부 촉감 등으로 주의가 옮겨지면 그것을 알아차리면 됩니다.

그것들을 판단하는 마음이 들면 판단하는 마음도 알아차리고 다시 호흡으로 돌아옵니다. 이때 자신을 비난하거나 비판하지 않습니다. 서두르지 않고 부드럽고 친절하게 호흡으로 돌아오면 됩니다.

기억할 것은 감정과 생각, 기억, 다른 감각 같은 호흡 외의 대상들을 붙잡지도, 밀어내지도 않아야 합니다. 그저 알아차린 후 '베이스캠프'인 호흡으로 주의를 되돌립니다. 수백 번, 수천 번 마음이 헤매더라도 알아차리고 명상을 시작하면 됩니다. '딴생각'이 아무리 많이 나도 알아차리려는 마음으로 반복적으로 호흡으로 돌아온다면 전체 과정이 명상이 됩니다.

- 호흡 명상을 하면서 경험한 것과 새롭게 알아차린 내용을 써 보세요.

그림책 읽기 – 《엄마, 잠깐만!》 (앙트아네트 포티스, 한솔수북)

언제 무지개를 보셨나요?

그림책 《엄마, 잠깐만!》은 잠깐 멈추는 일이 얼마나 경이로운 선물을 안겨 주는지를 보여 주는 책입니다. 그림책 속 아이와 엄마는 어딘가를 가는 중입니다. 아이는 지나치는 광경을 보며 엄마에게 멈춰 달라고 부탁합니다. 하지만 엄마는 여유가 없습니다. 아이의 손을 연신 잡아끌며 "빨리 가자"고 재촉합니다.

아이는 이에 아랑곳없이 강아지에게 눈길을 주고, 공사장 아저씨에게 인사를 하고, 공원의 오리에게 빵을 나눠 줍니다. 그럴수록 엄마의 입에서는 "늦겠다, 빨리" "나중에. 빨리 가자!" 하는 소리가 끊이질 않습니다. 아이는 거리에서 만난 모든 대상을 경이로운 눈으로 바라봅니다.

하늘에서 비가 내리고, 마음이 급해진 엄마는 '빨리빨리'를 외칩니다. 그사이 역사 안으로 열차가 미끄러져 들어오고, 아이는 엄마의 옷을 거세게 잡아끌며 엄마를 불러 세웁니다.

비로소 엄마가 아이가 가리키는 쪽을 바라보는 순간, 거

대한 총천연색 쌍무지개가 눈앞에 펼쳐집니다. 무지개를 보며 엄마가 작게 소리칩니다.
"그래. 우리 잠깐만…."

그림책은 열차를 타려고 애쓰는 엄마와 지금 이 순간과 온전히 접촉하려는 아이 사이에서 벌어지는 에피소드를 다룹니다. 글이 적고 간결하지만 메시지는 명확합니다. 왜 우리가 멈춰야 하는지를 알려 줍니다.

그림책 명상 참여자들은 엄마와 아이가 화려한 무지개를 바라보는 장면을 가장 인상적인 장면으로 꼽았습니다. 참여자 중 한 분은 쌍무지개 중 하나는 아이의 무지개이고, 다른 하나는 엄마의 무지개로 읽기도 했습니다.

생각해 보면, 무지개는 우리 삶에서 언제나 떠 있는지도 모릅니다. 바쁘다는 이유로, 여유가 없다는 핑계로 우리가 미처 발견하지 못하는 건지도 모릅니다. 아이처럼 깨어 있다면 무지개와 같은 경이로운 순간은 언제나 보게 되지 않을까요?

급급한 생존에 매몰되면 소중한 순간과 기쁨을 놓치게 됩니다. 바라는 목표는 달성할지 몰라도 그 과정에서 만나는 아름다운 순간은 희생됩니다. 삶은 목표 달성보다 목표를 향해 가는 과정에 있습니다.

질주하던 발걸음을 멈추면 보이지 않던 게 보입니다. 마음의 눈이 열립니다. 심안으로 보면 모든 게 선물 아닌 게 없습니다. 의도적으로 죽는 순간, 멈춤의 시간을 나에게 선물해 보세요. 당신은 언제 무지개를 보았나요?

그림책 명상 연습 – 의도적인 멈춤

자세를 편하게 하고 눈을 감습니다. 천천히 호흡을 합니다. 심호흡을 세 번 정도 합니다.
그림책 읽기를 마친 지금 이 순간, 돌이켜 보는 시간을 갖습니다.

- 나의 몸과 마음에서 어떤 감각과 느낌, 감정, 생각이 일어나나요? 판단하는 마음을 내려놓고 어떤 감각이든 어떤 느낌과 생각이든 허용합니다.
- 그림책의 구절(대사)과 장면 중에서 내 마음이 멈춘 구절과 장면은 어디인가요?
- 그림책에서 무지개가 상징하는 의미는 무엇일까요?

- 지금 나에게 중요하고 필요한 것은 무엇일까요?

- 그림책 명상 과정을 돌아보면서, 일주일을 살아가는 데 필요한 마음에 새길 '금언'을 하나 정해 보세요.

명상하기 좋은 그림책 – 《작은 당나귀》 (김예인, 느림보)

그림책의 주인공은 작은 당나귀입니다. 그는 출근하고 퇴근하는 일상을 도돌이표처럼 반복합니다. 출근 전쟁을 치르며 숨 막히는 하루를 견디며 살아갑니다.

판박이처럼 반복되는 일상에 매몰된 작은 당나귀에겐 꿈이 하나 있습니다. 복잡하고 시끄러운 도시를 벗어나, 아주 평화로운 장소로 여행을 떠나는 꿈입니다.

어느 날, 떠돌이 시인이 나타나 도시 끝에 울창한 숲이 있고, 소리 없는 이들만 들어가는 평화로운 성이 있다고 외칩니다. 그 소리를 들은 작은 당나귀는 호기심이 발동하여 신비한 숲을 찾아 나섭니다. 운 좋게 원하던 곳에 도착합니다. 자신이 꿈꾸던 그곳에서 숲과 하나 되는 신비한 체험을 합니다.

다시 도시로 돌아온 일상, 그의 삶은 전과 바뀐 게 없습니다. 달라진 게 있다면 마음은 언제나 소리 없는 이들만 들어가는 평화로운 성에 산다는 것. 눈을 감으면 내면으로 시선을 돌리게 되고 고요와 평화를 만날 수 있습니다. 일상에서 자주 잠시 멈추는 시간을 가지면 마법 같은 일이 일어날지도 모릅니다.

마음의 평화를 원한다면 자주 눈을 감아 보세요.

구덩이 (다니카와 슌타로 글, 북뱅크)
잃어버린 영혼 (올가 토카르추크 글, 사계절)
비밀의 방 (유리 슐레비츠 글·그림, 시공주니어)
나의 오두막 (로이크 프루아사르 글·그림, 봄볕)

2 현존

우리는 이미 도착해 있다

지지난해 세계적인 불교 지도자이자 평화 운동가인 틱낫한 스님이 95세의 일기로 입적했습니다. 틱낫한 스님은 마음챙김을 대중화시킨 우리 시대 영적 스승입니다. 직접 얼굴을 뵌 적은 없지만 스님이 펴낸 책을 통해 스님을 만났습니다. 스님은 부드럽고 다정하고 따뜻합니다.

스님의 글은 우리가 놓치며 사는 부분을 일깨워 줍니다. 아래는 독서 명상 수업에서 읽었던 《틱낫한 명상》에 나오는 글입니다.

"그대는 설거지를 하면서, 설거지를 마치고 마실 차에 대해 생각할 수 있다. 그래서 얼른 설거지를 끝내고 자리에 앉아 차 마실 궁리를 할 것이다. 그러나 그것은 그대가 설거지를 하고 있는 동안 제대로 자기 삶을 살지 못하고 있음을 의미할 따름이다. 설거지를 할 때에는 설거지가 그대 일생에 가장 중요한 일이어야 한다. 차를 마실 때는 차 마시는 일이 그대 일생에 가장 중요한 일이어야 한다. 똥을 눌 때에는 똥을 누는 일이 그대 일생에 가장 중요한 일이 되게 하여라."

무엇을 하든 일생에서 가장 중요한 일로 여기라는 스님의 말씀이 가슴에 들어옵니다. 설거지가 됐든, 하기 싫은 일이 됐든 온 마음과 정성을 다하라는 말씀으로 이해됩니다.
그런데 우리는 현재에 살지 못하고 과거와 미래에 집을 짓고 살아갑니다. 자책과 후회, 근심과 두려움에 사로잡히는 날이 많습니다. 현재를 자각하고 끊임없이 돌아오면 될 텐데 그게 생각처럼 잘 안 됩니다. 틱낫한 스님이 설파

한 "우리는 이미 도착해 있다"는 말씀을 잊고 삽니다.
작고한 구상 시인은 시 〈꽃자리〉에서 우리는 자신이 앉은 자리가 꽃자리인 줄 모르고 산다고 질타합니다. 그 때문에 스스로 지은 "감옥 속에 갇혀" 살고 "쇠사슬에 매"이고 "얽은 동아줄에 묶여" 산다고 애석해합니다. "너의 앉은 그 자리가 바로 꽃자리"인 걸 망각한 죗값입니다.
틱낫한 스님과 구상 시인 모두 자유와 행복의 비결이 따로 있지 않다고 말합니다. 지금 여기, 이 순간에 있다고 설파합니다.
현존, 이 순간 지금 여기에 머물기는 그림책 명상에서 중요한 주제입니다. 현재는 선물이라는 말처럼 깨어 있는 마음으로 현재로 끊임없이 돌아오고, 돌아오기를 반복할 때 삶의 질곡과 고통에서 벗어날 수 있기 때문입니다.
당신의 영혼은 어디를 헤매나요? 과거인가요, 미래인가요?
당신은 이미 도착해 있습니다.
그림책 명상의 두 번째 키워드는 '현존'입니다. 그림책 명상에서는 '현존'을 훈련하는 방법으로 '걷기 명상'을 수련합니다. 걷기 명상은 일상에서 알아차림을 훈련하는 간단하면서도 유용한 방법입니다.

수련 – 걷기 명상

걷기는 일상에서 가장 흔한 행위지만 거의 알아차림 없이 일어나는 대표적인 행동입니다. 아무런 생각 없이 걷는 무의식적인 걷기에서 의도를 내어 의식적인 걷기로 전환하면 평화를 발견할 수 있습니다. 내가 딛고 서 있는 대지, 지구와 깊게 접촉하게 됩니다. 자연스러운 걸음이 곧 명상이 됩니다.

걷기 명상은 특별하지 않습니다. 단지 내가 걷고 있음을 알아차리면 됩니다. 걱정과 근심, 불안한 마음들을 지워버리고 현재 걷는 순간만을 생각합니다. 내딛는 한 걸음, 한 걸음을 느끼며 걷기만 해도 충분합니다.

먼저 자신이 어떻게 걷고 있는지를 살펴보고, 걷는 자체를 느끼며 자신의 걸음에 집중합니다. 전통 걷기 명상에서는 가능한 주의를 집중하는 알아차림의 범위를 발(발목 아랫부분)로 좁히고 팔의 흔들림도 최소화한 상태로 걷기를 권합니다.

- 몸의 앞이나 뒤에서 손을 마주 잡아 팔의 흔들림을 제어할 것.

-주의를 둘러보지 말고 시선을 앞쪽으로 고정할 것. 전방 3~4m 하단.

발바닥의 감각이나 발의 움직임을 알아차리는 방식은 두 가지입니다. 하나는 발바닥의 감각을 알아차리는 방식으로, 한 발을 떼었다가 앞으로 놓으며 발바닥이 바닥에 닿았을 때의 느낌, 발을 들어 올려 발이 허공에 있을 때 발의 느낌을 알아차리며 걷는 것입니다.

다른 하나는 발의 움직임을 알아차리는 방식입니다. 발의 걷는 행위에 이름을 붙입니다. 이름을 붙이면 알아차림의 질이 높아져 집중하는 데 도움이 됩니다.

- 발을 들어 올릴 때는 듦(들어 올림) → 내려놓을 때는 놓음(내려놓음)
- 발을 들어 올릴 때는 듦(들어 올림) → 발이 앞으로 나아갈 때는 감(나아감) → 발을 앞에 내려놓을 때는 놓음(내려놓음)

걷기 명상을 할 때 알아 두면 좋은 팁입니다.
①마음은 지금 이 순간을 떠나 미래로 가기 쉽습니다. 때문에 목표 지점을 두지 않습니다.

②이미 있는 곳에 지금 이 걸음과 함께 온전히 존재하려고 해야 합니다.

③마음이 걷고 있는 발에서 벗어난 걸 알아차렸다면 그 자리에 멈춰 서서 눈을 감고 마음이 어디에 있는지를 자각한 후 부드럽게 주의를 다시 발로 되돌립니다. 다시 눈을 뜨고 출발합니다.

④공간의 끝까지 간 후 돌아설 때는 잠깐 멈춰서 몸이 어느 방향으로 돌려고 하는지 의도를 알아차립니다. 도는 방향으로 서너 발자국, 좁은 보폭으로 움직이면서 알아차립니다. 그런 다음 진행 방향으로 걸으며 명상을 하면 됩니다.

⑤몸과 마음의 긴장이 여전할 때에는 걷기와 호흡을 통합합니다. 날숨에 몇 걸음 나아가는지, 들숨에는 어떤지를 알아차립니다. 호흡과 걷기를 연결해서 알아차리는 훈련을 하면 긴장이 줄어듭니다.

- 호흡 명상을 하면서 경험한 것과 새롭게 알아차린 내용을 써 보세요.

그림책 읽기 - 《고양이 피터: 난 좋아 내 하얀 운동화》

(에릭 리트윈, 상상의힘)

마음의 지옥에서 벗어나려면

고양이 피터는 새로 산 하얀 운동화가 너무나 마음에 듭니다. "난 좋아 내 하얀 운동화 정말 좋아 내 하얀 운동화." 이렇게 노래까지 부르니까요. 그런데 길을 걷다가 그만 빨간 딸기 더미를 밟습니다. 하얀 운동화는 금세 빨간색으로 물듭니다. 피터는 비명을 지르지만 울기보다는 자신에게 닥친 불운을 받아들입니다.

또다시 길을 가던 중 이번에는 블루베리 더미를 밟습니다. 이어 계속해서 진흙 웅덩이와 물통에 빠집니다. 그 바람에 피터의 하얀 운동화는 파란색, 갈색으로 변합니다. 하지만 피터는 실망은커녕 이미 벌어진 상황을 받아들이며 노래를 부르며 길을 걸어갑니다.

그림책 《고양이 피터: 난 좋아 내 하얀 운동화》만큼 훌륭한 마음챙김 책을 지금껏 본 적이 없습니다. 자신의 부주의로 하얀 운동화가 한두 번도 아니고 여러 번 색이 변하는데도 이미 지나간 일로 여기며 그것은 그것대로 좋다며 노래를 부르다니! 이쯤 되면 누구라도 기분 잡치고 속상할 게 뻔하지만 고양이 피터는 그러지 않습니다.

《붓다 브레인》을 쓴 릭 핸슨과 리처드 멘디우스는 오직 인간만이 미래를 걱정하고 과거를 후회하며 현재의 자신을 비난한다고 합니다. 원하는 걸 얻지 못할 때 실망하고, 좋아하는 걸 잃었을 때 좌절하는 인간. 문제는 고통 그 자체 때문에 고통받는다는 것입니다. 누구나 지나간 과거는 되돌리지 못합니다. 그래서 깨끗하게 잊으면 좋으련만 그게 안 됩니다.

생각이 많으면 얼굴이 어두워집니다. 생각은 하면 할수록 긍정적이기보다는 부정적으로 바뀝니다. 과거와 미래에 생각이 붙잡혀 있으면 후회하고 불안해하는 마음이 온몸을 물들입니다. 자연히 얼굴은 수심이 가득해지고 어두울 수밖에 없지요.

고양이 피터처럼 초스피드로 현재로 돌아온다면 행복해지지 않을 사람이 없을 것입니다. 행복은 과거나 미래에 집을 짓지 않고 이 순간에 온전히 집중하는 데 있습니다. 그러면 부정적인 생각에 빠지는 시간이 줄어들게 되고, 피터처럼은 아니지만 하는 일이 순조롭게 풀릴 겁니다.

일상에서 수행의 출발점이 '의도적인 멈춤'이라면 그다음은 '지금 이 순간에 머물기'입니다. 첫술에 배부르진 않겠지만 수련을 하다 보면 몸과 마음이 편안해지고 부정적인 기분이 줄어들 겁니다. 자기 조절력의 핵심은 기어를 자주 바꾸는 것이고, 그 목적지는 현존입니다.

그림책 명상 연습 – 현존

자세를 편하게 하고 눈을 감습니다. 천천히 호흡을 합니다. 심호흡을 세 번 정도 합니다.
그림책 읽기를 마친 지금 이 순간, 돌이켜 보는 시간을 갖습니다.

- 나의 몸과 마음에서 어떤 감각과 느낌, 감정, 생각이 일어나요? 판단하는 마음을 내려놓고 어떤 감각이든 어떤 느낌과 생각이든 허용합니다.
- 그림책의 구절(대화)과 장면 중에서 내 마음이 멈춘 구절과 장면은 어디인가요?
- 고양이 피터가 부르는 '노래'가 의미하는 것은 무엇일까요?

- 당신이 고양이 피터라면 어떻게 할 것인가요?
- 지금 나에게 필요한 태도는 무엇일까요?

- 그림책 명상 과정을 돌아보면서, 일주일을 살아가는 데 필요한 마음에 새길 '금언'을 하나 정해 보세요.

명상하기 좋은 그림책 – 《어제를 찾아서》 (엘리슨 제이, 키즈엠)

어제 재미있고 완벽한 하루를 보낸 아이는 다시 어제로 돌아가 놀고 싶습니다. 어제로 돌아가는 방법을 찾느라 애를 먹습니다.
"어제로 돌아가려면 어떻게 해야 해요?"
손자의 물음에 할아버지는 찬란하고 화려했던 자신의 과거 추억을 들려줍니다. 그리곤 이렇게 묻습니다.
"오늘, 여기서 행복할 수 있는데 왜 어제로 돌아가고 싶어 하니?"
그러면서 할아버지는 조용히 덧붙입니다.
"오늘은 언제나 최고의 날일 수 있단다."

그림책은 어제로 돌아가고픈 아이에게 어제도 좋지만 오늘이 더 소중하다고 일러 줍니다. 과거에 매여 있으면 지금 이 순간에 일어나는 소소한 기쁨과 아름다움을 놓치고 맙니다. 온전히 누리지 못합니다. 과거에 대한 집착이 마음의 눈을 가려 버리기 때문입니다. 어제의 기억, 과거의 영광은 삶을 풍요롭게 해 주지만 되돌릴 순 없습니다. 아무리 어제가 화려했다고 해도 오늘만큼 값질 수는 없습니다. 그림책 속 할아버지의 말대로 오늘은 화려한 어제를 만드는 최고의 날입니다. 당연히 행복은 어제가 아니라 바로 오늘, 다른 곳이 아니라 바로 지금 여기에 머물 때 찾아옵니다. 현존이 행복입니다.

인생은 지금 (다비드 칼리 글, 오후의소묘)
버스를 타고 (아라이 료지 글·그림, 보림)
두 발을 담그고 (조미자 글·그림, 핑거)
낡은 타이어의 두 번째 여행 (자웨이 글, 노란상상)

3 감정을 감정으로 바라보기

감정의 세 가지 특성

앤서니 브라운의 그림책 《윌리와 구름 한 조각》의 주인공은 윌리입니다. 윌리는 구름 때문에 괴롭습니다. 구름이 자신을 쫓아온다고 믿기 때문입니다. 윌리는 어떻게 하면 이 문제를 해결할까 고민하다가 답을 찾아냅니다. 늘 도망 다니던 구름을 직면하기로 합니다. 구름이 주는 불안감을 떨쳐 내고 정면으로 맞서는 방식을 택합니다.

우리 역시 '윌리의 구름'을 하나씩 가지며 살아갑니다. 그

구름만 생각하면 감정이 흔들리고 혼란스러운 기분에 빠져듭니다. 감정이 널뜁니다. 감정은 조건과 상황에 따라 춤을 춥니다.

그런데 감정은 자성이 없다고 합니다. 주체적인 의지를 가지고 있지 않다는 이야기입니다. 인연과 조건에 따라 자연스럽게 일어나고 사라집니다. 감정은 실체도 없습니다. 잡으려 해도 잡을 수 없는 존재입니다. 감정의 이런 특성을 알면 감정에 휘둘리는 일은 줄어듭니다. 감정의 굴레에서 벗어나기가 쉽습니다. 나를 기분 나쁘게 하는 사람이 사라지면 미움과 원망이 사라지는 것처럼 말이죠.

마음챙김 명상에서는 감정을 일시적 사건으로 보라고 권합니다. 바람이 불면 흩어지고 사라지는 구름처럼 우리 삶에 잠깐 일어난 사건으로 여기라는 겁니다. 그러면 불필요한 감정에 시달리지 않게 된다면서요.

또 감정이 올라오면 감정에다가 이름을 붙이라고 조언합니다. 네이밍naming 명상입니다. 예를 들면 불안한 감정이 올라오면 '불안'이라고 이름을 붙이고, 무서운 감정이 올라오면 '무서움'이라고 이름을 붙이고 알아차리는 것입니다. 이렇게 감정에 이름을 붙이면 감정적 반응에서 벗어나는 데 도움이 됩니다.

감정에는 세 가지 특성이 있습니다. 먼저 감정이 일어날 때는 그만한 이유가 있습니다. 감정은 화재 위험을 알려주는 경보기와 같습니다. 감정이 일어나면 이유가 있다고 보고 무시하거나 억누르지 말아야 합니다. 대신 감정의 밑바닥에 있는 생각을 조사해야 합니다.

또 감정은 30초에서 90초 정도 지속되는 시한부 현상입니다. 감정은 파도와 같아서 일렁이다가 사라집니다. 아무리 고통스러운 감정이라도 영원히 지속되지 않습니다.

마지막으로 감정은 우리가 어떻게 받아들이느냐에 따라 달라집니다. 우리가 받는 스트레스보다도 우리가 스트레스에 보이는 반응이 더 힘들게 합니다. 감정 역시 어떻게 해석하고 반응하느냐에 따라 강도가 달라집니다. 어떤 감정이든 친절하게 호기심을 가지고 반갑게 맞이해 보세요. 감정을 내 것으로 여기지 않을 때 우리는 감정을 관찰하는 기회를 얻게 되고, 감정의 노예가 되지 않습니다. 그림책 명상 세 번째 키워드는 '감정을 감정으로 바라보기'입니다.

그림책 명상에서는 '감정을 감정으로 바라보기'를 훈련하기 위해 '바디 스캔'을 수련합니다. 몸의 감각은 감정을 명확하게 반영하는 바로미터입니다. 바디 스캔을 하면 몸에

담긴 마음의 긴장과 감정, 스트레스를 풀어내는 데 효과적입니다.

수련 – 바디 스캔(body scan)

바디 스캔은 몸의 신호를 제때 알아차리는 방법입니다. 몸의 각 부위에 의식을 집중하고 바라봄으로써 몸 상태를 알아차리는 방법입니다. 이완을 목적으로 하지 않지만 부수적으로 깊은 이완 효과를 가져와 잠에 곯아떨어지는 사람이 많습니다. 바디 스캔의 목표는 잠에 떨어지게 하는 것falling asleep이 아니라 깨어나게 하는 것falling awake입니다. 바디 스캔에서는 주의를 기울이는 신체 부위에서 어떤 느낌이 일어나는지를 느끼고 그 느낌에 머무는 걸 중요하게 여깁니다. 발끝에서 머리끝까지(또는 머리끝에서 발끝까지) 주의를 이동하면서 호흡과 신체 부위 하나하나를 매 순간 알아차리며 집착 없는 관찰을 유지합니다. 이때 주의의 질과 신체 부위에서 느껴지는 감각을 있는 그대로 느끼고 기꺼이 함께하겠다는 태도가 필요합니다.

바디 스캔 방법

가능하면 침대보다는 바닥에 매트나 적당한 두께의 요를 깔고 눕습니다. 실내 온도는 적당하게 따뜻하거나 시원하게 해 줍니다. 양발은 어깨너비 정도 벌려서 발을 안팎으로 5~6회 정도 흔들어 줍니다. 양팔은 어깨가 솟구치지 않고 편안하게 가라앉을 수 있도록 몸과 간격을 두고 내려놓고 손등은 바닥 쪽으로 가도록 놓습니다. 등이 바닥에 닿는 부분에서 옷에 배기는 곳은 없는지 살핍니다. 머리를 좌우로 5~6회 정도 흔들다가 움직임을 툭, 하고 멈춥니다. 얼굴은 천정을 향합니다.

부드럽게 눈을 감고 호흡을 느껴 봅니다. 숨을 들이쉬고 내쉴 때마다 복부가 오르락내리락하는지 주의를 기울입니다. 몸 전체로 숨을 쉰다고 느껴 보세요.

이제 주의를 몸의 가장 윗부분인 머리에 둡니다. 정수리와 머리 양옆 부분, 머리카락이 있는 부분에 마음을 두고 숨을 쉽니다.

이마, 두 눈, 양쪽 뺨, 코, 입과 턱의 순서로 얼굴 전체를 느끼면서 감각과 느낌들을 알아차립니다. 호흡과 함께. 아무런 느낌이 없다면, 없음을 알아차리고, 감각을 애써 찾거나 느낌을 알려고 이마나 뺨, 입을 움직이지 않습니다. 지금 이 순간, 주의와 호흡, 얼굴이 함께한다는 것이 중요합니다.

이제 목으로 내려옵니다. 숨을 쉬며 목의 안과 밖을 느낄 때 어떤 감각이 느껴지는지 관찰합니다. 마음의 손길로 목을 쓰다듬는 시간을 가져 보세요. 같은 방식으로 몸 아래 쪽으로 주의를 이동합니다.

양쪽 어깨→두 팔과 손등, 손바닥, 손가락들→가슴, 복부→위쪽 등에서 허리까지, 몸통 전체→엉덩이와 골반 전체→왼쪽 허벅지, 무릎, 종아리와 정강이, 발목, 발가락과 발가락 사이까지→왼 다리 전체→바디 스캔을 마친 왼쪽 다리 전체와 아직 하기 전인 오른쪽 다리 전체 느낌의 차이 알아차리기→차이가 없다면 차이가 없음을 알아차리기→오른쪽 허벅지, 무릎, 종아리와 정강이, 발목, 발가락과 발가락 사이까지 순서대로 알아차리는 시간을 갖습니다. 이제 두 발을 느껴 보세요. 바닥에 닿아 있는 뒤꿈치가 어떤 느낌과 모습으로 놓여 있는지 살펴봅니다. 뒤꿈치가 마치 바닥에 꽂혀 있는 느낌이 들 수도 있습니다.

이제 양 발바닥에 구멍이 있다고 상상해 보세요. 그 구멍으로 마시는 숨에 맑은 공기가 들어옵니다. 맑은 공기가

두 다리와 몸속 중심을 관통해서 머리로 올라갑니다. 머리에 구멍이 있다고 상상합니다. 그 구멍을 통해 공기가 빠져나갑니다.

이번에는 정수리로 마시는 숨에 맑은 공기와 생기가 들어와서 몸 중심을 관통하며 내려갑니다. 숨을 내쉴 때 양 발바닥의 구멍으로 묵은 피로와 긴장이 빠져나갑니다. 여러 차례 발에서 머리로, 머리에서 발로 숨이 들어오고 나가며 몸 전체가 점점 맑아지고 편안해지는 걸 느껴 봅니다.

이제 주의를 확장하여 누워 있는 실내 공간 전체를 느껴 봅니다. 피부와 공간의 접촉점, 허공, 공간의 경계 지점까지 의식을 확장합니다.

다시 의식이 몸 안으로 돌아옵니다. 몸 전체로 숨을 쉽니다. 의식을 좁혀서 호흡을 배에서 느낍니다. 복부의 오르락내리락하는 움직임으로 호흡을 알아차립니다. 준비가 되면 천천히, 부드럽게 눈을 뜨면서 일어나기 전에 손끝과 발끝부터 조금씩 움직여서 몸을 깨웁니다.

- 바디 스캔을 하면서 경험한 것과 새롭게 알아차린 내용을 써 보세요.

그림책 읽기 – 《걱정 상자》 (조미자, 봄개울)

걱정을 해소하는 방법

도마뱀 주주와 호랑이 호는 친한 친구 사이입니다. 요즘 주주가 걱정 때문에 웃음을 잃자 호는 걱정을 덜어 주려고 방법을 찾습니다.

호와 주주가 가장 먼저 시도한 방법은 걱정 상자에 걱정을 담아 새총으로 멀리 날려 보내는 것입니다. 그다음에는 걱정 상자에다 색칠을 하고, 새가 낚아채 가도록, 바람에 날아가도록 가만히 두는 것이었죠. 호는 여기서 멈추지 않고 주주에게 주문을 외워 보게 하고, 마술사를 불러 걱정을 없애려고 시도합니다.

그런데 어떤 걱정은 사라지지도 날아가지도 않습니다. 이때 사자 부가 걱정 상자에 뛰어올라 즐겁게 노는 방법을 알려 줍니다. 주주가 걱정 상자에 뛰어오르자 마침내 걱정이 사라지고 웃음을 되찾게 됩니다. 어린이들에게 걱정을 해소하는 다양한 방법을 흥미롭게 알려 주는 조미자의 그림책 《걱정 상자》 이야기입니다.

이 책은 걱정을 날리는 팁을 쉽고 재미있게 알려 줍니다.

그림책에 소개된 걱정 해소법은 구체적이고 흥미로워서 따라 해 볼 만한 가치가 있습니다.

먼저 걱정거리를 적어 목록화하는 방법은 걱정의 실체를 가시적으로 느끼도록 해 줍니다. 걱정 상자를 새총을 이용하여 멀리 날려 보내는 방법 또한 걱정을 눈앞에서 떨어뜨려 놓음으로써 작게 만드는 효과와 함께 거리를 두고 바라보도록 해 줍니다. 심리학에서 말하는 탈동일시 효과입니다.

걱정 상자에다 색칠하는 방법은 걱정을 새로운 각도로 바라보도록 하는 참신한 방법입니다. 새가 가져가도록 하거나 바람에 날려 가도록 하는 방법 역시 시간에 기대어 해결하는 방식이지요. 또 긍정적인 기억을 불러오거나 긍정 확언을 활용하는 법도 도움이 됩니다. "괜찮아" "잘 될 거야" "할 수 있어" "나도 그래" 같은 말들은 걱정이 가진 부정적 에너지를 긍정적 에너지로 바꾸는 데 좋습니다.

이런저런 방법을 동원해도 안 되는 걱정이 있을 때는 무조건 없애 버리려고 하는 건 도움이 안 됩니다. 이럴 때는 사자 부가 보여 준 것처럼 걱정을 인정하고 걱정과 잘 지내는 방법을 찾는 게 효과적입니다. 걱정과 함께 살기를 선택하는 것이지요. 피하지 않고 직면하는 방법입니다.

살면서 걱정 없기를 바라는 건 욕심이라고 합니다. 변화무쌍하게 변화하는 사회적 환경은 안정과 거리가 멉니다. 준비하고 대비한다고 해도 불확실함을 확실함으로 바꾸려는 시도는 매번 성공하지 못합니다.

불안에서 일어난 걱정과 근심은 삶을 좀먹습니다. 이를 견디지 못하거나 조절하지 못하면 신경증에 걸리기 쉽습니다. 문제는, 걱정은 또 다른 걱정을 낳는다는 데 있습니다. 티베트 속담에 '걱정을 해서 걱정이 없어지면 걱정이 없겠다'는 말은 이 점을 잘 보여 줍니다.

그렇다고 걱정을 억누르면 두통에 시달립니다. 바다에서 파도가 치지 않게 하려는 시도처럼 어리석은 행동일 뿐이죠. 우리의 감정, 기분, 생각, 경험은 우리가 거의 자각(알아차림)하지 못하는 상태에서 변화합니다. 그렇지만 우리의 마음(본성) 자체는 깊은 바다와 같습니다. 깊고 방대하고 본질적으로 고요합니다. 걱정을 붙잡지 않고 마음의 본성을 이해하면 평정심을 얻을 수 있습니다.

그림책 명상 연습 – 감정을 감정으로 바라보기

자세를 편하게 하고 눈을 감습니다. 천천히 호흡을 합니다. 심호흡을 세 번 정도 합니다.
그림책 읽기를 마친 지금 이 순간, 돌이켜 보는 시간을 갖습니다.

- 나의 몸과 마음에서 어떤 감각과 느낌, 감정, 생각이 일어나나요? 판단하는 마음을 내려놓고 어떤 감각이든 어떤 느낌과 생각이든 허용합니다.
- 그림책의 구절(대화)과 장면 중에서 내 마음이 멈춘 구절과 장면은 어디인가요? 그림책에 나온 걱정 해소법 중 가장 매력적인 방법은 무엇인가요?
- 현재 내 '걱정'은 무엇인가요? 이 '걱정'은 내 삶에 어떤 영향을 미치고 있나요? 지금 나는 이 '걱정'을 어떻게 보고 있나요? 어떻게 변화되기를 기대하나요? 이 걱정이 나에게 주는 메시지는 무엇일까요? 이 걱정을 통해 내가 생각하지 못한 관점이 있다면 무엇일까요? 지금 나에게 들려주고 싶은 말은 무엇인가요?

- 그림책 명상 과정을 돌아보면서 '나의 걱정'이란 주제로 치유글쓰기를 해 보세요.

명상하기 좋은 그림책 – 《곰씨의 의자》 (노인경, 문학동네)

곰씨는 초원 한가운데 있는 의자에서 차를 마시고 시를 읽고 음악 듣는 걸 좋아합니다. 어느 날 탐험가 토끼와 무용가 토끼가 찾아옵니다. 곰씨는 이들에게 자신이 아끼는 의자를 선뜻 내줍니다.

문제는 그다음에 일어납니다. 이들이 결혼하여 새끼를 낳으면서 곰씨의 소박한 행복은 산산조각이 납니다. 곰씨는 의자를 되찾으려고 노력을 하지만 매번 실패로 돌아갑니다. 마침내 스트레스로 정신을 잃은 곰씨는 영문도 모르는 토끼들의 간호를 받고 기력을 회복합니다. 그리곤 그동안 참았던 속내를 털어놓습니다.

"저는 여러분이 좋아요. 하지만 그동안 저는 마음이 힘들었어요. 물론 우리가 함께하는 시간은 소중해요. 가끔은 혼자 있고 싶어요. 저는 조용히 책을 읽고, 명상할 시간이 필요해요. 앞으로 제 코가 빨개지면 혼자 있고 싶다는 뜻이니 다른 시간에 찾아와 주세요. 그리고 무엇보다 소중한 제 꽃을 살살 다뤄 주세요…."

곰씨의 간절한 부탁이 통했는지, 그 뒤로 토끼들은 조심하고, 곰씨는 예전의 일상으로 돌아갑니다.

곰씨가 스트레스를 푸는 방식은 문제가 있습니다. 스트레스를 쌓아 두었다가 한꺼번에 폭발하는 방식입니다. 이 방식은 주위 사람들을 놀라게 합니다. 좋았던 관계마저 서먹하게 만들고 심하면 관계가 깨지기도 합니다.

스트레스 전문가들은 스트레스를 받지 않을 순 없지만, 관리는 가능하다고 말합니다. 그러려면 우선 스트레스를 받지 않는 게 중요하고, 그렇지 못할 경우 스트레스원과 직접 맞닥뜨리거나 주변의 자원을 활용하는 방식을 권유합니다. 또 다른 방법은 스트레스와 다르게 관계를 맺는 것입니다. 미국 심리학의 대부인 윌리엄 제임스는 이런 말을 남겼습니다. "우리 세대의 발견 중 가장 위대한 것은 마음의 자세를 바꾸는 것만으로도 자신의 삶을 바꿀 수 있다는 사실이다." 이 말인즉, 스트레스에 대해 어떻게 마음먹느냐에 따라 받지 않을 수 있다는 얘기입니다. 스트레스, 피할 수 없다면 즐기는 것도 방법입니다.

미움 (조원희 글·그림, 만만한책방)
소피가 화나면 정말 정말 화나면 (몰리 뱅 글·그림, 책읽는곰)
바람과 달 (조지 맥도널드 글, 책고래)
겁쟁이 빌리 (앤서니 브라운 글·그림, 비룡소)

4 평가와 판단을 보류하기

판단을 늦춰야 하는 이유

심리학 용어 중에 스키마라는 말이 있습니다. 심리도식이라고도 하는데, 부지불식간에 올라오는 무의식적 판단 행위와 패턴을 뜻합니다. 어린 시절에 겪은 크고 작은 경험이 쌓여 개개인의 고유한 심리도식이 만들어집니다. 어떤 조건이나 상황이 똑같이 주어지면 자동적으로 그 문법에 따라 움직이고 사고하고 행동하게 된다는 이론입니다.
심리도식은 자신도 모르게 쓰는 고정관념과 비슷합니다.

둘 다 자동으로 올라오는 무의식적 패턴입니다. 누군가에게는 자연스러운 현상이지만 반복되면 다른 사람과 갈등을 빚는 요인이 되기도 합니다.

이를 예방하려면 말하고 행동하기 전에 잠깐 멈추고, 나의 패턴적 사고를 알아차리는 것이 중요합니다. 갑자기 화가 치밀어 온다면 잠깐 멈춰서 화라는 감정 밑바탕에 깔린 관념을 살펴보는 것이지요. 살아오면서 '꼭 이래야 한다'는 고정된 생각이 깔려 있지 않은지 살피는 겁니다.

판단 행위는 판단하는 순간 대상을 간단하게 정리해 버리는 오류를 범합니다. 그 때문에 깊이 이해해야 하는 부분, 설명이 필요한 부분, 결과보다는 과정의 우여곡절이 묻혀 버립니다. 어떤 사람이 남들 앞에서 큰소리를 쳤을 때, 우리는 그의 행위만 보고 예의 없는 사람이라고 단정 짓습니다. 그런데 판단을 늦추고 남자는 왜 소리를 질렀을까, 그럴 만한 이유가 있겠지, 하는 마음을 가지는 것만으로도 소리친 남자의 상황을 연민을 가지고 바라보게 됩니다. 이렇듯 판단을 멈추면 벌어지는 상황을 있는 그대로 보는 데 도움이 됩니다.

그런데 우리는 쉽게 판단을 내리고 평가하는 데 익숙합니다. 판단을 내리는 쪽이나 판단을 받는 쪽 모두 기분이 좋지 않습니다. 간단히 판단하는 거야 쉬운 일이지만 가능성을 사전에 자르게 되니 양쪽 모두 불행합니다.
하지만 판단하지 않고 살아가기란 어렵습니다. 어떤 분은 판단하지 않으면 어떻게 하라는 것이냐고 되묻기도 합니다. 판단하며 사는 것과 생각하며 사는 것을 동의어로 봅니다. 제 이야기는 판단을 하지 말라는 게 아닙니다. 판단하고픈 마음을 늦춰 보자고 제안하는 것입니다.
'새옹지마'라는 고사성어를 알고 계실 겁니다. 이 이야기는 인생을 살아가는데 언제, 어디서, 어떤 일이 벌어질지 누구도 장담할 수 없다는 뜻입니다. 그러니 기뻐할 일도 슬퍼할 일도 없으니, 함부로 재단하는 일, 평가하는 일을 삼가야 한다는 뜻입니다.
사람은 블랙홀과 같은 심연의 존재입니다. 누구도 그 속을 알 수 없습니다. 때문에 사람에 대한 판단을 늦추면 늦출수록 그로 인한 실수나 잘못도 줄어듭니다. 세상은 지금 이 순간에도 변하고 있습니다. 점쟁이가 아니고선, 아니 점쟁이라 하더라도 앞으로 어떤 일이 일어날지 모릅니다. 그렇기에 섣부른 판단은 금물입니다.

그림책 명상의 네 번째 키워드는 '평가와 판단을 보류하기'입니다. 이 키워드를 훈련하기 위한 방법으로 '선택 없는 알아차림' 명상을 수련합니다. 이 수련은 알아차리는 마음이 스스로 그 대상을 선택하도록 허용하는 명상입니다. '대상 없는 주의' '개방된 현존'이라고도 합니다.

수련 – 선택 없는 알아차림(Choiceless Awareness)

존 카밧진 박사가 창시한 MBSR 프로그램의 공식 명상법 가운데 최종 단계에 해당하는 명상입니다. 선택 없는 알아차림이란 명상 대상을 정하지 않고 자각(알아차림) 자체에 머문다는 뜻입니다. 다양한 감각의 문으로 들어오는 대상들을 앎 그 자체로 알아차리면 됩니다.

이 명상은 우리가 경험하는 어떤 것도 배제하지 않고 자각의 장을 확장해서 호흡, 몸 전체, 주변의 다양한 소리는 물론 생각과 느낌, 감정 등 인간이 경험하는 모든 영역을 알아차립니다. 인식되거나 의식에 포착되는 모든 것에 의식을 열어 두고 관찰하는 명상입니다.

이 명상법은 마음챙김 명상의 핵심인 그냥 존재하기Just being를 훈련하는 방식입니다. 끊임없이 무언가를 하고doing mode 또 해야 한다는 강박적 심리 상태에서 벗어나 그냥 존재하는 훈련입니다. 아무것도 하지 않는 존재의 상태에 머물면서, 비로소 자기 자신으로 존재하는 시간을 스스로에게 선물하는 것과 같습니다.

선택 없는 알아차림을 하는 순서입니다.
-우선 명상 대상을 정하지 않고 자각(알아차림) 자체에 머뭅니다.
-호흡, 몸 전체, 주변의 다양한 소리는 물론 생각과 느낌, 감정 등 모든 경험의 모든 영역을 알아차리며 그냥 존재합니다 just being.
-인식되는, 의식에 포착되는 모든 것을 열린 마음으로 그저 관찰하겠다는 자세를 견지합니다.
-알아차리는 마음이 스스로 그 대상을 선택하도록 허용합니다.

①도입: 호흡 명상
척추를 세우고 편안한 자세로 앉습니다. 고요하게 앉아 있는 지금 이 순간, 숨 쉬고 있다는 사실에만 주의를 기울입니다. 숨이 들어오고 나가는 동안 호흡의 움직임을 알

아차립니다. 호흡을 어떤 식으로든 조절하려는 의도를 알아차리고 숨을 쉽니다.

날숨과 들숨의 전체 과정을 좀 더 섬세하게 알아차리고 있다는 느낌이 들면 그런 대로, 그렇지 않으면 그렇지 않은 대로 머뭅니다. 순간순간의 호흡과 함께 지금 여기에 그저 존재합니다.

② 선택 없는 알아차림

이제 호흡을 내려놓고, 지금 이 순간 어떤 것이든지 의식에 떠오르는 것을 알아차려 봅니다. 매 순간 온전히 깨어 있으면서 존재의 영역 안으로 들어오는 것은 무엇이든 알아차립니다. 현재 경험되는 모든 것에 의식을 열어 두고 생각이 떠오르면 생각을, 기억이 떠오르면 기억을 알아차립니다. 만약 통증이 느껴진다면 그 통증을, 호흡이 분명하게 느껴진다면 순간에서 순간으로 고요함 속에 앉아 그 호흡과 함께 존재합니다.

들려오는 안과 바깥의 소리나 선명하게 느껴지는 신체 감각도 좋습니다. 마음이 스스로 알아차리는 대상을 선택하도록 허용합니다.

③마무리

이제 주의를 호흡에 둡니다. 지금 이 순간 몸으로 들어오고 나가는 호흡과 하나가 되어 봅니다. 저절로 숨이 들어오고 나갈 뿐 어떤 것도 더하거나 뺄 필요가 없음을 알고 그저 존재의 영역에 머무릅니다.

• 선택 없는 알아차림을 하면서 경험한 것과 새롭게 알아차린 내용을 써 보세요.

그림책 읽기 – 《에드와르도 세상에서 가장 못된 아이》

(존 버닝햄, 비룡소)

낙인찍기는 이제 그만!

영국의 그림책 작가 존 버닝햄의 그림책들은 그가 얼마나 아이들을 진심으로 사랑하는지 보여 줍니다. 그림책들은 하나같이 아이들을 향한 그의 애정이 깊게 담겨 있습니다. 그의 작품 《에드와르도 세상에서 가장 못된 아이》도 예외가 아닙니다.

에드와르도는 평범한 아이입니다. 물건을 발로 차고, 시끄럽게 떠들고, 다른 아이들을 못살게 굴고, 동물들을 괴롭힙니다. 또 방을 정리하는 데 서툴고, 아침에 세수하고 이 닦는 걸 자주 까먹습니다.

아이라면 누구나 스스럼없이 하는 행동이 어른들 눈에는 하나같이 잘못되고 불손하고 지저분한 행동으로 보입니다. 어른들은 그렇게 행동하는 연유를 묻지도 않고 성급하게 낙인을 찍지요. 버릇없고 시끄럽고 심술궂고 사납고 뒤죽박죽 엉망으로 만드는 녀석이라고.

하지만 에드와르도가 우연히 발로 찬 화분이 흙 위로 떨어지고, 이를 본 어른이 "정원을 가꾸기 시작했구나. 정말 예쁘다."라는 칭찬을 하면서 에드와르도는 '천사표 어린이'가 됩니다. 이후 에드와르도는 개에게 물을 끼얹은 일로 상냥한 아이가 되고, 방의 물건을 밖으로 내던지는 고마운 아이가 되고, 학교에서 가장 깨끗하고 단정한 아이가 되고, 어린 동생을 구한 아이가 되고, 착하고 상냥한 아이로 바뀝니다. 그런데 에드와르도는 어른들의 평가와 상관없이 원래부터 사랑스러운 아이였답니다.

그림책에 나오는 어른들은 거리낌 없이 에드와르도를 판단합니다. 자신들의 판단이 아이에게 미칠 파장은 생각하지 않습니다. 배려 없는 행위이자 폭력임을 그들은 모릅니다. 죄책감도 없어 보입니다.

브라질의 작가이자 기자인 마샤 메데이로스는 자신의 시 〈서서히 죽어 가는 사람〉에서 "흑백의 구분을 좋아하는 사람" "감정의 소용돌이보다 분명히 구분하는 걸 더 좋아하는 사람"은 '서서히 죽어 가는 사람'이라고 했습니다. 판단은 어떤 것을 좋거나 나쁜 것, 부정적인 것이나 긍정적인 것으로 나누면서 비롯됩니다. 판단은 아주 빠르게 자동으로 일어납니다. 관건은 그것을 알아차리냐 그렇지 않냐에 달려 있습니다. 마샤 메데이로스에 따르면 삶의 경험을 넓은 관점으로 관찰하고 묘사하는 대신에 아주 간략하게 구분하고 정리해 버린다면 우리는 서서히 죽어가는 사람입니다.

그림책 명상 연습 – 평가와 판단을 보류하기

자세를 편하게 하고 눈을 감습니다. 천천히 호흡을 합니다. 심호흡을 세 번 정도 합니다.
그림책 읽기를 마친 이 순간, 돌이켜 보는 시간을 갖습니다.

- 나의 몸과 마음에서 어떤 감각과 느낌, 감정, 생각이 일어나요? 판단하는 마음을 내려놓고 어떤 감각이든 어떤 느낌과 생각이든 허용합니다.
- 그림책의 구절(대화)과 장면 중에서 내 마음이 멈춘 구절과 장면은 어디인가요?
- 겉만 보고 판단하여 실수한 적이 있나요?
- 섣부른 판단(낙인찍기)으로 상처받은 적이 있나요?
- 어린 시절, 내가 받은 최고의 칭찬은 무엇인가요?

- 그림책 명상 과정을 돌아보면서 내가 깨달은 것을 '버츄 카드'로 뽑아 보세요. 이유도 발표해 보세요.

명상하기 좋은 그림책 – 《일곱 마리 눈먼 생쥐》

(에드 영, 시공주니어)

불교 경전에 나오는 이야기를 새롭게 꾸몄습니다. 그림책은 섣부른 판단을 간단히, 함부로, 아무런 거리낌 없이 하는 우리들을 되돌아보게 합니다.

어느 날, 일곱 마리 눈먼 생쥐가 연못가에서 이상한 것을 발견합니다. 생쥐들은 그것이 무엇인지 궁금했지만 앞을 볼 수 없으니 그 실체를 파악할 수 없었지요. 그래서 요일마다 한 마리씩 탐색에 나서기로 합니다.

그런데 다녀온 생쥐마다 주장이 다 다릅니다. 창이다, 낭떠러지다, 부채다, 밧줄이다, 라고 주장합니다. 생쥐들은 자기 말이 맞다며 우기다가 다투는 일까지 벌어집니다.

일요일이 되자, 마지막으로 하얀 생쥐가 탐색에 나섭니다. 하얀 생쥐는 이전 쥐들과는 달리 한 부분만을 만지지 않고 전체를 살펴봅니다. 반대쪽으로 미끄러져 보기도 하고 꼭대기를 따라 끝에서 끝까지 달려가 보기도 합니다. 이리저리 돌아다니고 꼼꼼히 살핀 끝에 결론을 내립니다.

"이건… 코끼리야."

그러자 나머지 생쥐들도 코끼리 위로 올라가 구석구석 확인하고는 하얀 생쥐의 말에 동의합니다. 그림책의 마지막에 '생쥐 교훈'이란 이름으로 다음과 같은 글이 적혀 있습니다. 의미심장합니다. "부분만 알고서도 아는 척할 수는 있지만 참된 지혜는 전체를 보는 데서 나온다."

일곱 마리 눈먼 생쥐처럼 우리 역시 종종 나무만 보고 숲을 보지 못하는 어리석음을 저지릅니다. 고정관념과 편견에 사로잡혀 잘못된 판단을 내리곤 합니다. 고정관념과 편견은 우리의 시야를 가리는 안개입니다. 안개는 실상을 있는 그대로 보지 못하도록 방해합니다.

옛 사자성어에 '관중규표管中窺豹'란 말이 있습니다. 이 말은 '대롱으로 표범을 본다'는 뜻입니다. 좁은 관으로 표범을 본다면 무엇이 보일까요? 표범의 얼룩점 정도는 보일 겁니다. 그런데 얼룩점은 표범의 일부일 뿐 표범이 아닙니다.

발레리나 벨린다 (에이미 영 글·그림, 느림보)

창문으로 넘어온 선물 (고미 타로 글·그림, 비룡소)

힐드리드 할머니와 밤 (첼리 두란 라이언 글, 시공주니어)

다 같은 나무인 줄 알았어 (김선남 글·그림, 그림책공작소)

5 있는 그대로 수용하기

현실과 다투지 않기

영국인들이 인도를 식민 지배하던 시절의 이야기입니다. 영국인들은 인도에 아름답고 멋진 골프장을 만들었습니다. 그런데 문제가 생겼습니다. 그 지역에 사는 원숭이들이 사람들이 골프를 칠 때마다 필드 안으로 들어왔습니다. 원숭이들은 골퍼가 공을 치면 재빨리 달려들어 공을 가지고 장난을 치는 엉뚱한 곳에 던지고 달아나 버렸습니다.

그렇게 되자 골프 경기는 지연되거나 무효가 되기 일쑤였고, 그 일로 다투는 일까지 벌어졌습니다. 매번 원점에서 경기를 새로이 시작해야 하는 일이 잦았습니다.

골프장 운영자는 원숭이의 출몰을 원천 봉쇄하려고 다양한 방법을 시도했습니다. 울타리를 세우거나 바나나 따위로 유인하여 다른 숲으로 보냈습니다. 하지만 나무를 잘 타는 원숭이들은 울타리를 쉽게 넘어왔고, 허기를 채우면 골프장에 다시 나타났습니다. 총을 쏴서 겁을 주어 봤지만 소용이 없었습니다.

골머리를 앓던 영국인들은 새로운 방법을 고안했습니다. 특별한 규칙을 만들었습니다. 그 규칙이란 원숭이가 공을 떨어트린 자리에서 골프 경기를 시작하는 것입니다. 원숭이들의 방해로 경기를 포기하기보다는 이미 일어난 상황을 인정하고 원숭이가 공을 떨어트린 곳에서 경기를 다시 시작하기로 한 것이지요.

이 새로운 놀이 규칙은 놀라운 변화를 불러왔습니다. 골프장에 온 사람들은 전보다 재미있는 골프를 치게 되었고, 원숭이 덕분에 생각지 않게 행운을 잡는 사람도 나타났습니다. 골프 치는 색다른 묘미를 경험하게 되었지요. 이 얘기는 류시화 시인이 엮은 《신이 쉼표를 넣은 곳에 마침표를 찍지 말라》에 나오는 인도 우화 가운데 한 편입니다.

우리네 삶에도 골프장 원숭이들이 출몰합니다. 억울한 건 우리의 실수와 상관없이 나타난다는 것이지요. 건강을 잃어 손쓰기 어렵다는 진단을 받으면 하늘이 노래집니다. 이때 우리가 할 수 있는 방법이 별로 없습니다. 분노하거나 체념하는 일이 전부인 경우도 적지 않습니다.

그런데 이 방법들은 도움이 되지 않습니다. 왜 이런 일이 자신에게 일어났는지 곱씹을수록 생각의 감옥에 갇힙니다. 우리의 통제 영역 밖에서 일어나는 사건, 사고는 늘 일어납니다. 어떤 사건은 불가항력입니다. 이미 일어난 현실과 다툴 것인가, 아니면 현실을 수용할 것인가? 그것도 아니면 기꺼이 현실을 수용하고 즐겁고 새로운 룰을 만들 것인가? 삶은 어떤 선택을 하느냐에 따라 달라질 겁니다.

그림책 명상의 다섯 번째 키워드는 '있는 그대로 수용하기'입니다. 간단히 말하면 현실과 다투지 말자는 겁니다. 있는 그대로 받아들이는 자기 수용을 포기와 체념으로 오해하기도 하는데, 오히려 능동적이고 적극적인 삶의 태도에 가깝습니다. 골프장 운영자들이 보인 태도와 같습니다. 포기와 체념은 마지못해 내려놓는다는 점에서 수동적인 삶의 태도입니다. 자기 수용과는 다릅니다.

마음챙김에서 자주 사용하는 공식이 하나 있습니다. 괴로움Suffering은 고통pain*저항resistence(S=P*R)이란 공식입니다. 괴로움은 고통에 저항할수록 더 커진다는 뜻입니다. 반대로 저항을 줄이면 자연히 괴로움도 줄어듭니다. 여기서 저항은 이미 일어난 사건에 대해 해석하고 평가하고 판단하고 생각에 생각을 보태는 일입니다.

그림책 명상에서는 '있는 그대로 수용하기'를 훈련하기 위해 '글쓰기 명상'을 수련합니다. 글쓰기 명상에서 하는 '글쓰기'는 거창한 걸 쓰는 게 아니라 나를 발견하고 이해하고 치유하는 글쓰기입니다.

수련 – 글쓰기 명상

《글쓰기 명상》의 저자인 김성수 박사는 글쓰기 명상을 낚시에 비유합니다. 낚시할 때 물고기는 보이지 않지만 물속에 물고기가 있어 찌를 물듯이, 글쓰기 역시 '글쓰기를 하고자 하는 의도'라는 낚시를 드리우다 보면 여기저기 돌아다니던 생각이나 기억, 느낌이라는 물고기들이 걸려 올라온다는 것이지요.

글쓰기 명상은 막연했던 자신의 내면을 구체적으로 낚아 올리는 기술이자 자신의 심연에서 올라온 글을 타인의 일처럼 바라보면서 자신을 이해하는 '자기 공감' 작업입니다. 대부분의 글쓰기가 자기 공감과 마음챙김을 동반하는 것처럼 글쓰기 명상도 글 쓰는 사람에게 마음챙김의 촉진과 즐거움을 선사합니다.

글쓰기 명상은 글쓴이의 생각, 감정, 기분 등을 편안히 글자로 드러냅니다. 그렇게 함으로써 오랫동안 외면하고 묵혀 두었던 아픔의 기억, 평소 내 안에 깊이 뿌리박혀 있는 윤리 의식 등이 전면으로 올라오는 걸 경험합니다. 한편 이로 인해 무시되고 소외당한 욕구, 인식하지 못하던 당위적·금기적 관념과 이것이 만들어 낸 마음 습관 등을 알아차리게 됩니다.

이때 글을 쓰는 행위는 단순히 생각과 감정을 배설하는 데 그치지 않고, 그 정체를 발견하고 직면함으로써 상처받은 마음에 따스한 빛을 쪼여 주는 치유의 글쓰기입니다. 그런 의미에서 글쓰기 명상은 마음 근력을 단련하는 훈련이자 자기를 치유하는 작업인 셈입니다.

글쓰기 명상에는 다섯 가지 원칙이 있습니다. 이 원칙들은 모든 글쓰기 명상법에 적용되며, 자유롭고 마음 편히 자신과 대화를 나누는 데 도움을 줍니다.

첫째, 자신이 쓴 글을 타인에게 낭독하거나 보여 주지 않습니다. 둘째, 머리 굴려 만들어 낸 글이 아니라 손가락 끝에서 두서없이 튀어나온 글을 최고로 여깁니다. 셋째, 띄어쓰기나 맞춤법, 비속어, 욕설 따위에 구애받지 않고 자유롭게 씁니다. 넷째, 일단 쓰고 난 글은 폐기하거나 소각합니다. 다섯째, 자신은 천하 최악의 글쓰기를 할 권리를 타고났음을 기억합니다.

글쓰기 명상은 글쓰기 명상 '워밍업'과 '실제'로 나뉩니다. 워밍업은 10개 모듈로 구성되어 있고 본격적인 글쓰기 명상에 들어가기 전 가벼운 몸풀기 같은 자기 탐색 작업입니다. 글쓰기 명상 실제에서는 40개 정도의 주제 글쓰기를 제안하는 모듈로 구성되어 있습니다.

의자나 바닥에 가장 편안한 자세로 앉습니다. 앉아 있는 자신의 모습에 주의를 기울이며 몸에서 일어나는 감각을 살펴봅니다. 이제 주의를 호흡으로 옮깁니다. 날숨과 들숨을 알아차리면서 자연스럽게 숨결을 따라가면서 머무릅니다. 숨이 나가고 들어오는 걸 알아차립니다.

이번 글쓰기 명상의 주제는 '있는 그대로의 나 자신을 수용하기'입니다. 내 삶을 돌아볼 때 누군가에게는 평범하지만 나 자신에게는 어렵고 힘들었던 '은밀한 두려움' 같은 것이 있을 겁니다. 그 때문에 남 앞에 나서길 꺼리게 되고, 또 그 때문에 자신이 미웠던 적도 있을 겁니다.

편안한 마음으로 그것이 무엇이 되었든 천천히 떠올려 보세요. 떠오르는 게 여럿이라면 그 가운데 하나를 정해 봅니다. 언제 그런 일이 있었는지, 그 일과 관련하여 어떤 감정과 생각, 기억이 일어나는지 떠올려 봅니다.

단, 어떤 감정이나 생각이 일어나더라도 판단하지 않고 관대하게 허용합니다. 지금 이 순간, 그때의 사건과 감정을 마주하면서 드는 생각도 떠올려 봅니다. 그리고 지금 나에게 필요한 것이 무엇인지 물어봅니다.

짧은 시간에 쓸 주제를 떠올려 봅니다. 첫 문장을 어떻게 쓸지 생각해 보세요. 이제 쓸 준비가 되었다면 10분 동안 글을 써 봅니다. 흘러나오는 대로 글을 받아 적는다는 마음으로 빠르게 적어 봅니다. (명상벨) 부드럽게 눈을 뜹니다. 글쓰기를 시작합니다.

- 글쓰기 명상을 하면서 경험한 것과 새롭게 알아차린 내용을 써 보세요.

그림책 읽기 – 《민들레는 민들레》 (김장성, 이야기꽃)

있는 그대로 수용하기

마음챙김 명상과 긍정심리 프로그램을 만든 덕성여대 김정호 교수는 강의 때마다 빼놓지 않고 강조하는 말이 있습니다. '나는 사회다'라는 말입니다. 사회가 무수한 사람들의 집합이듯이, 나 또한 무수히 다른 나가 모인 집합, 즉 사회라는 것입니다.

다양한 내가 모여 '나'라는 사회를 이룬 것처럼 다른 사람도 마찬가지라는 것입니다. 그러니 다른 사람의 말과 행동을 가지고 섣불리 판단하면 안 된다고 합니다. 상대의 일부를 보고 마치 전체인 양 판단한다면 실수를 저지르게 된다는 것이지요. 그 사람의 말과 행동은 그 사람을 대표하는 일부 중의 일부, 부분 중의 부분일 테니까요.

이 말은 다른 사람이 내 행동을 보고 이렇다 저렇다 평가하더라도 개의치 말라는 의미이기도 합니다. '나는 사회'이므로 다른 이가 나의 일부를 가지고 뭐라고 떠든다 해도 그걸 가지고 괴로워할 필요가 없다는 얘기입니다.

그뿐이 아닙니다. 이 생각만 가지면 당신 자신을 비난하고 폄하하는 일도 줄어듭니다. 당신은 좋은 점, 나쁜 점을 두루 가지고 있습니다. 당신을 이루는 핸디캡과 콤플렉스, 즉 부정적인 측면을 가지고 당신을 비난하는 일은 온당치 못합니다. 콤플렉스조차 당신을 구성하는 일부인 까닭입니다.

그림책 《민들레는 민들레》는 때에 따라 모습이 바뀔지언정 본질은 바뀌지 않는다는 걸 보여 줍니다. 연약한 싹이 나고 잎이 나고 꽃줄기가 올라와도 민들레이고, 가로수 아래, 금이 간 도로 벽, 지붕 위에 꽃이 펴도 민들레입니다. 혼자 펴도, 둘이 펴도, 들판 가득 펴도 민들레이고, 꽃이 지고 홀씨가 바람에 날리어도 민들레는 여전히 민들레입니다. 어떤 장소, 어떤 모양, 심지어 홀씨가 되어 사방으로 흩어져도 민들레라는 이름은 변함없이 민들레라는 걸 강조합니다.

그림책 명상에 참여한 어떤 분은 그림책을 다 읽고 난 뒤 "그림책은 사람의 인생과 닮았어요"라는 소감을 표현했습니다. 사람이 나고 자라고 늙고 죽어 가는 과정이 민들레의 한살이와 같다고 본 것입니다. 그러면서 자신의 현재 모습이 민들레 홀씨가 하늘하늘 날아가는 모습이라고 털어놓았습니다.

작년에 시민대학에서 이 책을 읽었을 때, 젊은 엄마 한 분은 갑자기 눈물을 떨궜습니다. 그 이유를 묻자, 이런저런 모습으로 바뀌어도 다 민들레인데, 자신은 아이가 보여주는 모습들을 있는 그대로 인정하지 못하고 타박만 했다는 것입니다. 엄마가 아이에게서 자신이 보고 싶은 것만 봐 왔다는 걸 알아차린 것이지요.

그림책 《민들레는 민들레》는 모양은 변해도 본질은 바뀌지 않는다는 점을 말하고 있습니다. 비단 민들레뿐일까요. 현상은 때에 따라 옷을 갈아입습니다. 하지만 본질은 바뀌지 않습니다. 따라서 내가 여러 개의 나로 존재하듯이, 민들레가 때맞춰 변화하듯이, 그런 변화를 아름답게 수용하고 받아들일 때 우리는 온전한 존재로 거듭납니다.

그림책 명상 연습 – 있는 그대로 수용하기

자세를 편하게 하고 눈을 감습니다. 천천히 호흡을 합니다. 심호흡을 세 번 정도 합니다.
그림책 읽기를 마친 지금 이 순간, 돌이켜 보는 시간을 갖습니다.

- 나의 몸과 마음에서 어떤 감각과 느낌, 감정, 생각이 일어나나요? 판단하는 마음을 내려놓고 어떤 감각이든 어떤 느낌과 생각이든 허용합니다.
- 그림책의 구절(대화)과 장면 중에서 내 마음이 멈춘 구절과 장면은 어디인가요?
- 기억나는 사람이나 사건은 무엇인가요?
- 현상은 바뀌지만 본질은 바뀌지 않는다는 의미가 내 삶에 주는 메시지는 무엇일까요?
- 지금 나에게 필요하고 중요한 것은 무엇일까요?

- 그림책 명상 과정을 돌아보면서, 새롭게 알아차린 내용을 글과 그림과 이미지로 표현해 보세요.

명상하기 좋은 그림책 – 《새를 사랑한 새장 이야기》

(로둘라 파파, 한솔수북)

새장 안에는 새가 한 마리도 없습니다. 그래서 새장의 얼굴은 늘 시무룩합니다. 참다못한 새장은 새를 찾아 여행을 떠납니다. 새장은 만나는 새마다 새장에서 살면 물과 모이가 충분하고 따뜻하고 안전하다고 유혹합니다. 하지만 새들은 둥지를 짓고 마음껏 날아다니며 세상 구경하는 재미를 포기할 수 없다며 고개를 흔듭니다.

"새장에 갇혀 40년을 사는 것보다 한 시간을 살아도 단단한 나뭇가지에서 사는 게 나아."

결국 원하는 목적을 이루지 못한 새장은 눈물을 떨굽니다. 그때 올빼미가 충고를 합니다. 새장은 그의 충고를 받아들입니다. 그리고 과감히 결단을 내립니다. 새장은 자신의 문을 떼어 내고, 새장 안에 맛난 음식과 물을 채우고 새들을 기다립니다.

긴 기다림 끝에 마침내 배고픈 새들이 하나둘 새장을 찾아옵니다. 이듬해에는 더 많은 새가 문 없는 새장을 찾아 날아듭니다.

그림책은 자유가 얼마나 소중한 가치인지를 일깨워 줍니

다. 새장이 제공하는 맑은 물과 모이, 철창으로 둘러싸인 안전한 숙소보다도 마음대로 다니며 노래하고 춤추는 자유야말로 무엇과도 바꿀 수 없는 가치라는 점을 새장의 깨우침을 통해 전합니다.

새장은, 새장의 본질이 새를 가두는 게 아니라 새를 먹이고 기르고 새와 교감하는 것이라는 걸 깨닫습니다. 그리고 자신에게 전부라고 할 수 있는 소중한 문을 내려놓습니다. 우리도 그렇게 할 수 있을까요?

우리를 힘들게 하는 것을 떠올려 보세요. 저항하거나 집착하고 있는지 살펴보세요. 일어난 일을 인정하고 받아들인다면 어떤 일이 펼쳐질지 상상해 보세요. 상상한 모습이 진정으로 원하는 것이라면 그대로 해 주세요. 저항을 내려놓고 수용할 때 새로운 세계가 열립니다. 수용은 세상의 어려운 일을 풀어 가는 지혜의 열쇠입니다.

설탕 한 컵 (존 J. 무스 글·그림, 달리)

키오스크 (아네테 멜레세 글·그림, 미래아이)

나는 강물처럼 말해요 (조던 스콧 글, 책읽는곰)

반은 늑대, 반은 양, 마음만은 온전히 하나인 울프
(알렉스 라티머 글, 소원나무)

6 자신에게 친절하기

남에게 하듯이 나에게 관대하기

이 시대 영적 스승으로 꼽히는 달라이 라마는 친절이 자신의 종교라고 말했습니다. 사랑한다는 건 너무 어려워 그보다 쉬운 친절을 택했다고 말하기도 했습니다. 그 말을 듣고 저는 달라이 라마가 매우 인간적이라고 느꼈습니다. 사실 누군가를 온전히 사랑한다는 게 얼마나 힘들고 벅찬 일인가요.

그때부터 저도 만나는 이들을 친절하게 대하자고 마음을

먹었습니다. 그 덕분인지 지금까지 삶에서 어려운 강적을 만나지 않았던 것 같습니다. 그렇지만 부작용은 감수해야 했습니다. 만나는 이들을 가리지 않고 친절하게 대하다 보니 헤프다는 오해를 받았습니다.

그런데 남에게 친절하기로 마음을 정한 만큼 나 자신에게 그렇게 했느냐고 물으면 "아니올시다"입니다. 다른 이에겐 자애롭고 관대한 표정으로 "그래도 괜찮아"를 연발했다면 저에겐 인색하게 굴었습니다. 내면의 비판자를 잠재우기는커녕 오히려 그를 부추겨 자기비판, 자기혐오에 빠진 적이 많았으니까요.

이런 부정적 편향이 드러난 게 몇 년 전 논문을 쓸 때였습니다. 논문을 쓴다는 게 만만치 않은 작업이란 걸 모르지 않았지만 소논문과 본논문을 쓰면서 천국과 지옥을 왔다 갔다 했습니다. 글이 잘 써질 때는 괜찮았지만 그렇지 못할 때는 죽을 맛이었지요.

그럴 때마다 신세 한탄을 멈추지 않았습니다. 그때의 단골 메뉴는 '이럴 줄 알았으면 더 이른 나이에 공부를 시작할 것이지'였습니다. 저를 자책하는 메뉴였습니다. 누구에게라도 이런 고충을 털어놓으면 좋으련만 그럴 수가 없었습니다. 좋은 얘기도 한두 번이지 매번 같은 얘기를 얌전히 들어 줄 사람은 없으니까요.
이런 상황에서 문득 달라이 라마가 떠올랐습니다. 그가 말한 친절이 가슴속으로 들어왔습니다.
'그래, 나에게 친절하자.'
그렇게 나에게 자애의 마음을 보내자, 신선한 바람이 내 안으로 들어왔습니다. 계획한 게 마음먹은 대로 되지 않아도, 또 일정이 이리저리 꼬이고 헝클어져도 '괜찮아!' 하고 다독였습니다. 그 덕분에 편하게 잠을 잤고, 마음이 가벼워졌습니다. 더불어 논문 쓰는 속도도 빨라져 논문 심사를 통과하고 졸업을 했습니다.
지금 돌아보면 저 자신에게 친절하지 못했던 게 어리석었습니다. 남에게 하는 절반이라도 나에게 친절했다면 좋았을 텐데 하는 후회가 밀려옵니다.

그림책 명상의 여섯 번째 키워드는 '자신에게 친절하기'입니다. 그림책을 읽으며 자신보다 남에게 관대해 왔던 자신의 패턴을 발견하고, 자신에게 따뜻한 시선을 돌리는 것입니다.
많은 이들이 자기 친절과 자기 자비를 부정적으로 생각합니다. 자기 친절은 이기적이고 무책임하며 불성실하다는 관념을 가지고 있습니다. 그러나 연구에 따르면 자기비판을 하거나 자기에게 엄격한 사람보다 자기에게 친절한 사람이 이타적이고 책임 의식이 높았고, 성실하고 타인과 공감을 잘하고 회복탄력성이 높았습니다.

그림책 명상에서는 '자신에게 친절하기'를 훈련하기 위해 '자애 명상'을 수련합니다. 자애 명상은 내면의 자애심이 자라나도록 닦아 나가는 데 도움을 줍니다.

수련 – 자애 명상

자애 명상은 나를 비롯한 모든 존재들과 사랑과 연민이 가득한 평화로운 관계를 회복하는 것을 돕습니다. 자애 명상의 자애는 한자로 자慈(사랑하다), 애愛(사랑)이고, 영어로는 Loving-Kindness Meditation이라고 씁니다. 자애 명상은 나를 비롯하여 모든 생명이 행복하고 평화롭고 편안해지기를 바라는 마음을 담은 명상입니다. 우리 내면에 있지만 발휘하지 못하는 자애심을 깨우고 개발하는 명상법입니다.

자애 명상은 가족과 친지를 비롯하여 모든 살아 있는 존재에 대한 사랑과 자비를 확장하는 것이지만 궁극적인 면에서 보면 자신을 보호하는 수행이기도 합니다. 사랑과 자애의 에너지에 둘러싸여 뭇 존재들과의 전체성과 연결성을 회복하게 해 주기 때문입니다. 연구에 따르면 마음챙김 명상 중 자애 명상이 '건강한 장수'를 의미하는 텔로미어의 길이에 가장 긍정적인 영향을 끼쳤습니다.

자애 명상에서 대상은 ①자기 자신 ②사랑하는 가족, 친지, 존경하는 분 ③감정이 중립적인 대상(떠올렸을 때 좋지도, 싫지도 않은 사람) ④불편한 사람, 싫어하는(원망, 미움, 분노의) 대상 ⑤세상의 모든 존재 순서로 진행합니다.

①자애 명상은 먼저 자신에게 자애를 보내는 것부터 시작합니다.
자신을 다정하게 대하면 고립되고 부족한 작은 자아가 소멸하기 시작합니다. 나 자신과 타인의 선함을 인식할 때마다 마음이 열리고 자애로워집니다.

• 나에게 보내는 자애 명상

내 몸과 마음이 건강하기를
내가 안전하고 편안하기를
내가 참행복에 머무르기를
내가 깊은 평화를 느끼기를
내가 자애로운 마음으로 충만하기를
(위의 구절 중 2~3가지, 3~4가지를 선택하여 마음속으로 외웁니다. 스스로 암송할 시간을 주며 한 구절당 2~3회 반복합니다.)

②자녀, 가족, 사랑하는 이, 존경하는 분을 떠올리면서 시작합니다. 가장 소중한 사람의 특성, 장점(지혜, 따뜻함, 자애로움, 유머, 친절, 다정함, 활기 등)을 생각해 봅니다. 이 소중한 사람에게 온 마음으로 감사하며 염원을 시작합니다.

• 너에게 보내는 자애 명상

당신이 언제나 건강하기를

당신의 몸과 마음이 안전하고 편안하기를
당신이 사랑으로 충만하기를
당신이 행복하기를
당신이 평화롭기를
(자녀, 가족, 사랑하는 이, 존경하는 분을 떠올려 봅니다. 두 분 이상이면 순서대로 합니다. 소중한 사람에게 온 마음으로 감사하며 자애를 보냅니다.)

③중립적인 사람을 대상으로 자애 명상을 합니다.
중립적인 사람이란 엘리베이터에 함께 타게 된 동승자, 처음 가는 강의실에 있는 사람들 모두가 해당됩니다. 길을 가면서, 일상의 모든 공간에서 만나는 사람에게 할 수 있습니다.

• 중립적인 사람들에게 보내는 자애 명상

그분들이(저분들이) 고통에서 벗어나기를
심신이 건강하기를
안전하기를
행복하기를

(앞서와 같은 방법으로 합니다.)

④불편한 사람, 싫어하는 사람(분노나 두려움, 고통을 주는 사람)을 대상으로 합니다.
어떠한 감정일지라도 자신의 감정을 비난하거나 억누르지 않습니다. 가능하다면 불편한 사람, 싫어하는 사람의 선한 면을 찾아보려는 노력을 기울입니다. 만약 어떠한 선함, 장점도 찾을 수 없다면 그도 나처럼, 고통을 원치 않고 행복을 원한다는 것을 기억합니다.

• 불편하거나 싫어하는 사람들에게 보내는 자애 명상

그의 행복이 타인의 행복을 훼손하지 않기를
그의 행복이 나와 다른 이들과 함께 가는 행복이기를
그가 진정한 행복이 무엇인지 알기를
(앞서와 같은 방법으로 합니다.)

⑤나를 포함한 모든 존재에 대한 자애로 확장합니다. 각 단계에서 명상을 마친 후 잠시 조용히 앉아서 몸과 마음의 경험을 자각하며 자신에게 질문합니다.

'다정하고 열려 있는 느낌이 드는가?'
'자신을 더욱 편안하게 받아들이는가?'

• 모든 존재에 대한 자애

모든 존재가 사랑으로 충만하기를
모든 존재가 더없이 평화롭기를
이 땅에(모든 곳에) 평화가 깃들기를
모든 존재가 고통과 악의에서 벗어나기를
모든 존재가 깨어나기를, 자유롭기를

원하는 만큼 여러 번 반복하여 되새기고 음미하며 열린 마음과 침묵 속에서 편안하게 쉬면서 떠오르는 모든 것들을 자각하고 자애로 어루만집니다.

자애 명상을 할 때는 먼저 자신에게 자애를 보내는 것을 충분히 수련합니다. 그런 다음 싫어하는 사람에게 자애를 보내는 것은 다른 대상들에 대한 수련을 충분히 한 후 조금씩, 천천히 시도해 보는 게 필요합니다.

- 자애 명상을 하면서 경험한 것과 새롭게 알아차린 내용을 써 보세요.

그림책 읽기 – 《괜찮아 아저씨》 (김경희, 비룡소)

당신에게 다정해야 하는 이유

《괜찮아 아저씨》는 참 괜찮은 그림책입니다. 그림책을 읽는 동안 웃게 만드는 유머 코드가 있고, 이야기를 풀어가는 아이디어가 독특합니다. 여기에 무한 긍정이라는 주제가 심각하지 않게 조리되어 신선하고 따뜻합니다.

괜찮아 아저씨는 머리숱이 거의 없습니다. 머리카락 열 개가 아슬아슬 위험하게 달려 있지요. 동물 친구들과 어울리는 걸 좋아하는 아저씨는 그때마다 머리카락이 하나둘 빠집니다. 스트레스를 받을 만하지만 아저씨는 그럴 마음이 없어 보입니다. 남아 있는 머리카락으로 가르마를 타고, 묶고, 구불구불 볶으며 헤어스타일을 맵시 있게 다양하게 꾸밉니다. 그리곤 매번 "오, 괜찮은걸"이란 말을 빼놓지 않지요.

이윽고 아저씨 머리카락이 한 올도 남지 않았습니다. 아저씨는 여전히 의연한 모습을 잃지 않습니다. 자신에게 벌어진 사태를 아무렇지 않게 받아들이며 어김없이 "오, 괜찮은걸"을 외칩니다. 깜짝 놀랄 만한 기지를 발휘하기도 합니다. 자신의 민머리 위에 아름다운 화환을 얹으며 웃습니다.

아저씨의 무한 긍정의 힘은 어디서 오는 걸까요? 상상력이 부족한 저로서는 감히 따라 하지 못하는 아저씨의 태도가 놀랍고 신기합니다. 아무리 그래도 그렇지, 하는 의구심이 마음 한쪽에 깔립니다. 아저씨의 발상이 재미는 있지만 비현실적이라는 생각이 머리를 떠나지 않습니다.

생각해 보세요, 이래도 괜찮고 저래도 괜찮다니. 이런 사람과 평생을 살아야 한다면 참 곤혹스러울 겁니다. 답답해서 속 터지는 사람도 생길 겁니다. 괜찮지 않은 일이 벌어졌는데도 고민 없이 괜찮다며 웃음 짓고 있으니 환장할 노릇이지요.

그런데 이런 저의 무지몽매함을 깨우쳐 준 분이 있습니다. 그림책 치유글쓰기 수업에서 한 참여자가 이런 소회를 남겼습니다.

"괜찮아 아저씨 같은 사람을 친구로 두면 참 좋겠어요. 있는 그대로의 나를 수용할 줄 아는 사람이 옆에 있다면 인생 살기가 더 안전하고 자유로울 수 있을 테니까요."

아, 그럴 수도 있겠구나, 고개를 끄덕였습니다. 우리 주위엔 부정적인 걸 떠올리고 매사 비관적인 말을 내뱉는 사람들이 생각보다 많습니다. 그들이 내세우는 완고한 잣대에 종종 숨이 막히곤 합니다. 그런 사람들에 비해 있는 그대로 자신을 수용하는 괜찮아 아저씨 같은 사람이 있다는 게 귀하게 느껴집니다. 자신에게 관대한 만큼 다른 이들에게도 너그럽게 대할 테니까요.

경험상, 명상을 하면 평소보다 신경질 내는 횟수가 줄어듭니다. 일상에서 일어나는 상황을 여유롭게 바라보고, '그렇구나' '그럴 수도 있지' 하는 마음으로 이해하고 받아들이는 경우가 늘어납니다.

자신에게 친절하기. 괜찮은 아저씨가 우리에게 주는 선물이 아닐까요? "오, 괜찮은걸." 오늘, 아저씨 흉내를 내 볼까요?

그림책 명상 연습 – 자신에게 친절하기

자세를 편하게 하고 눈을 감습니다. 천천히 호흡을 합니다. 심호흡을 세 번 정도 합니다.
그림책 읽기를 마친 지금 이 순간, 돌이켜 보는 시간을 갖습니다.

- 나의 몸과 마음에서 어떤 감각과 느낌, 감정, 생각이 일어나나요? 판단하는 마음을 내려놓고 어떤 감각이든 어떤 느낌과 생각이든 허용합니다.
- 그림책의 구절(대화)과 장면 중에서 내 마음이 멈춘 구절과 장면은 어디인가요?
- 기억나는 사람이 있나요?
- 아저씨의 무한 긍정의 힘은 어디에서 나오는 걸까요?
- 나는 나에게 친절한가요? 이 그림책이 나에게 던지는 메시지는 무엇일까요?

- 그림책 명상 과정을 돌아보면서 새롭게 알아차린 내용을 토대로 '나의 힐링 문구'를 만들어 보세요. 이유도 발표해 보세요.

명상하기 좋은 그림책 – 《하늘을 나는 사자》

(사노 요코, 천개의바람)

사자와 고양이들은 이웃사촌입니다. 고양이들은 매일 사자에게 찾아오고, 그때마다 사자가 가진 갈기와 우렁찬 목소리를 칭찬합니다. 우쭐해진 사자는 그 보답으로 고양이들에게 음식을 대접합니다.

그런 일이 반복되면서 사자는 점점 피곤해집니다. 고양이들의 요구를 들어주다 보니 잠자는 시간이 부족합니다. 고양이들의 요구가 계속되자 사자는 눈물을 떨굽니다. 그러던 어느 날, 사자는 그만 자리에서 쓰러지고 돌이 되어 버립니다. 그렇게 수백 년의 세월이 흐릅니다.

어느 날, 엄마와 아기 고양이가 길을 걷다가 돌사자를 봅니다. 아기 고양이가 왜 여기서 돌이 되어 잠자고 있느냐고 묻지만 엄마 고양이는 마땅한 대답을 못 합니다. 그러자 아기 고양이가 이렇게 말합니다.

"분명 피곤했을 거예요."

그 말에 돌사자가 기지개를 켜고 일어납니다. 그러고는 전처럼 하늘로 날아오릅니다.

우리는 누구나 인정받고 존중받기를 원합니다. 인정 욕구는 사람과의 관계에서 자신의 가치를 평가받아 온 인류의 진화적 산물입니다. 문제는 지나친 인정 욕구는 부작용이 크다는 점입니다. 자신의 욕구보다는 다른 이의 욕구에 맞추어 사는 걸 당연하게 여깁니다. 자연히 자신의 욕구를 포기하게 되고 영혼은 시들시들 병들어 갑니다.

사자에게 필요한 건 자신의 몸과 마음이 진정 원하는 것을 자신에게 베푸는 것입니다. 고양이의 욕구를 채워 주려 하기보다는 자신의 욕구에 먼저 충실해야 합니다.

자신을 피폐하게 만드는 희생은 자기 학대입니다. 자기 학대의 끝은 사자처럼 돌이 되는 것으로 끝나지 않습니다. 소진과 무기력, 신체적 질병을 불러옵니다.

조금 부족해도 괜찮아 (베아트리체 알레마냐 글·그림, 현북스)
너는 특별하단다 (맥스 루케이도 글, 고슴도치)
세상에서 가장 힘이 센 말 (이현정 글, 달달북스)
나는 (   )* 사람이에요 (수전 베르데 글, 위즈덤하우스)

7 인드라망 자각하기

우리는 연결돼 있다

마음챙김 명상의 존 카밧진 박사는 우리는 연결된 존재라고 말합니다. 그가 말하는 연결성은 살아 있는 생명체 안에 본유적으로 갖추어진 것입니다. 신체를 구성하는 요소들이 피드백을 통해 체내의 균형을 유지하는 것을 예로 듭니다. 그리고 신체를 구성하는 요소뿐 아니라 가족이나 친지, 나아가 사회와 인류 전체, 지구라는 혹성도 서로 연결되어 있다고 설명합니다. 연결이 우리를 둘러싼 모든 존재의 원칙이라고 강조합니다.

우리는 삶 자체가 연결성에 기반을 두고 있다는 걸 가끔 잊습니다. 늘 분리를 원하고 꿈꿉니다. 연결되어 있다는 자각을 하지 못함에 따라, 남을 적으로 간주하고 분리를 통해 에고를 강화합니다. 아인슈타인은 이러한 에고를 방치하면 스스로 감옥에 갇히는 신세가 된다고 경고했습니다. 아인슈타인이 프린스턴대학의 고등연구소 연구원으로 일할 때입니다. 그는 전 세계인들로부터 자주 편지를 받았습니다. 한번은 어린 딸을 잃은 아버지가 편지를 보내왔습니다. 그 아버지는 열아홉 살 된 딸에게 세 살 어린 여동생의 죽음을 어떻게 알리고 위로해야 할지 모르겠다며 조언을 구했습니다. 아인슈타인은 그 아버지에게 다음과 같은 답장을 보냅니다.

"인간은 '우주'라고 부르는 전체의 한 부분으로 시간적으로나 공간적으로 한정되어 있습니다. 인간은 자기 자신이나 자신의 생각과 감정을 우주의 나머지 부분들과 분리되어 있다고 생각하는데 이는 일종의 의식의 착각이라고 볼 수 있습니다.

이 착각은 일종의 감옥과 같은 것으로 우리 자신을 개인적 욕망이나 매우 가까운 주위의 몇 사람에 대한 애정에만 관심을 갖도록 한정시켜 버립니다. 모든 살아 있는 생명체와 자연 전체를 포함할 정도로 자비심의 범위를 넓힘으로써 이 착각의 감옥으로부터 우리 스스로를 해방시켜야 합니다. 아무도 이것을 완벽하게 성취할 수는 없지만, 이러한 성취를 향한 노력 자체가 해방의 한 부분이며 내적인 평화의 기초입니다."

아인슈타인이 답한 핵심은 우리의 사고나 감정과 삶을 우주와 분리시켜 한정 짓지 말고, 자연과 연결된 존재라는 사실을 자각해야 한다는 것입니다. 딸의 죽음은 고통스러운 사건이지만 전체적인 관점에서 보면 잠시 일어났다가 사라지는 현상이라는 걸 이해하라는 메시지입니다.

그림책 명상 일곱 번째 키워드는 '인드라망 자각하기'입니다. 여기서 인드라망은 범천의 하늘에 떠 있는 구슬을 말합니다. 이 구슬의 의미는 땅이 하늘을 비추고 하늘이 땅을 비추듯 이 세상 모든 건 서로를 비춘다는 뜻을 담고 있습니다. 우리 역시 서로를 비추며 연결되어 있습니다. 그림책 명상에서는 '인드라망 자각하기'를 훈련하는 방법으로 '감사 명상'을 수련합니다. 감사 명상은 행복으로 가는 지름길이며, 심신을 건강하고 성숙하게 만들어 줍니다.

수련 – 감사 명상

우리는 완전히 독립되어 살아가기보다는 서로 기대고 의존하며 살아갑니다. 서로가 서로를 비추어 준다는 불교 화엄경의 '인드라망' 개념이 말해 주듯이, 모든 존재는 서로 연결되어 있습니다. 그리고 우리는 다른 존재들의 도움을 얻어 살아갑니다. 감사 명상은 우리가 모두 연결되어 있고 전체 우주의 한 부분으로서 긴밀하게 얽혀 있음을 자각하게 합니다.

삶을 바라보는 시각을 확장시켜 주는 감사 명상은 전통 자애 명상을 현대식으로 응용한 명상법입니다. 우리가 서로 연결되어 있고 세상의 모든 존재가 나를 돕고 있다는 자각 속에 감사함을 표현하는 명상입니다.

감사 명상은 오늘 하루 감사한 일을 떠올리는 것부터 시작합니다. 그다음으로 가족, 이웃, 친구들 그리고 인연이 있거나 없거나 무수한 사람들이 당신과 연결되어 있다는 점을 떠올립니다. 일하고 있는 곳이 어디든 그 일과 연결된 모든 존재가 거미줄처럼 이어져 있음을 떠올립니다. 입가에 고요히 미소를 지으며 이렇게 속삭입니다.

"우리는 서로 연결되어 있고, 세상의 모든 존재가 나를 돕고 있음에 감사드립니다."

부드럽게 눈을 감습니다. 과거와 미래가 아닌 현재로 돌아옵니다. 지금 여기, 내 몸에서 일어나고 있는 호흡을 느껴 봅니다. 호흡으로 나를 느낄 때 내 마음은 떠돌지 않습니다. 현존에 머물게 됩니다.
들숨~ 날숨~ 들숨~ 날숨~

나의 날숨을 통해 내 몸 밖으로 나간 것들을 자연이 받아들이고, 들숨에 자연의 선물인 산소를 선물 받습니다. 나와 자연은, 우리 모두는 호흡으로도 연결되어 있음을 알아차립니다.
호흡을 알아차리며 나와 너로 구분 짓던 마음의 공간을 넓힙니다. 경계를 허물고 하나임을 느껴 봅니다.
빙긋 미소를 지어 봅니다. 들숨에 미소 짓고 날숨에 붙잡고 있고 구분 짓던 모든 것들을 툭, 내려놓습니다. 들숨에 미소, 날숨에 내려놓으며 점점 더 평온해지는 자신을 발견합니다.

이제 오늘 하루를 찬찬히 돌아보며 감사할 거리를 찾습니다. 아주 작은 것에서도 감사를 발견합니다. 오늘 먹은 음식의 재료가 되어 준 식물과 동물들, 음식을 만들어 준 사람들, 그 음식 앞에 앉기까지 모든 역할을 해 준 이들께 감사합니다, 감사합니다, 감사합니다. 감사를 하면 할수록 마음에 감사가 스며드는 것을 느껴 보세요. 입가에 고요히 미소를 지어 보세요.

"우리는 서로 연결되어 있고, 세상의 모든 존재가 나를 돕고 있음에 감사드립니다."
"우리는 서로 연결되어 있고, 세상의 모든 존재가 나를 돕고 있음에 감사드립니다."
"우리는 서로 연결되어 있고, 세상의 모든 존재가 나를 돕고 있음에 감사드립니다."

마음으로 여러 번 반복하면서 가슴으로 따뜻함을 느끼면서 숨을 쉽니다.

- 감사 명상을 하면서 경험한 것과 새롭게 알아차린 내용을 써 보세요.

그림책 읽기 – 《숲 속 작은 집 창가에》 (유타 바우어, 북극곰)

자연 안에서는 모두 하나

그림책 《숲 속 작은 집 창가에》에 나오는 노래는 너무나 유명하여 어릴 적에 혼자서, 또는 여럿이서 불러 보았을 겁니다. 그림책은 독일에서 가장 인기 있는 그림책 작가 중 한 사람인 유타 바우어가 이 노래를 모티브 삼아 만들었습니다. 원곡이 가진 즐거움을 그대로 살리면서 가슴 뭉클한 이야기로 재탄생시켰습니다.

숲속 작은 집 창가에서 노루가 밖을 보고 있습니다. 사냥꾼의 눈을 피해 도망친 토끼가 와서 살려 달라고 외칩니다. 노루는 문을 열어 주며 손을 잡으라고 말합니다. 이번에는 사냥꾼에 쫓기는 여우가 달려와 문을 열어 달라고 합니다. 노루는 문을 열어 주면서 토끼와 손을 잡으라고 합니다.

토끼와 여우, 노루가 친구가 되어 놀이를 하고 있는데, 사냥꾼이 찾아옵니다. 배가 고파 죽을 것 같다며 살려 달라고 사정을 합니다. 집 안에 있는 동물들은 놀라 숨기 바쁩니다. 노루는 들어오는 걸 허락하고 사냥꾼에게 손을 잡으라고 합니다.

노루는 넉넉하게 케이크를 준비합니다. 여우는 사냥꾼과 토끼가 손잡은 모습을 흐뭇하게 바라봅니다.

그림책 명상 참여자들은 그림책 읽기를 마쳤을 때, 노루가 "손을 잡으렴" "손을 잡아요"라고 말할 때 감동을 받았다고 고백했습니다. 손잡을 일이 없는 동물과 사람이 손을 매개로 온전히 만나는, 실제 세계에서는 있을 수 없는 사건이 벌어졌기 때문입니다.

지구라는 전체 속에서 우리는 아주 작은 개체로 살아갑니다. 개체의 삶은 전체와 분리되어 살아가는 것처럼 보입니다. 하지만 깊이 생각해 보면 서로 긴밀히 연결되어 있음을 알게 됩니다. 지구의 변화가 곧 우리네 삶의 풍경을 바꾸고, 우리의 행위가 지구에게 영향을 미치는 걸 보면 알 수 있습니다.

계곡물은 바위를 만나면 솟구치고, 여울을 만나면 고요히 흐릅니다. 절벽을 만나면 폭포를 이룹니다. 물의 모양은 조건과 상황에 따라 다양한 변화를 보입니다. 물의 모양이 제각각인 것처럼 보이지만 계곡물 입장에서 보면 다 똑같은 물입니다. 한 흐름 속에 놓여 있습니다. 잘난 것도 못난 것도 없고, 약한 것도 강한 것도 없습니다. 모두 전체일 뿐입니다. 지구와 지구 안에 살아가는 우리도 계곡물과 다르지 않습니다.

토끼와 여우, 사람은 엄연히 다른 개체입니다. 각기 다른 방식으로 살아갑니다. 자신이 속한 터전에서 나름의 삶을 일궈 나갑니다. 그렇지만 자연의 품 안에서 보면 모두 하나입니다. 하나이기에 언제라도 손을 잡을 수 있습니다. 우리가 손을 잡는다면 이 땅에서 벌어지는 갈등과 전쟁은 줄어들 겁니다. 하나임을 자각할 때 용서하고 껴안게 됩니다. 최근에 관계가 소원해진 사람이 있다면 먼저 다가가 따뜻하게 손을 잡아 보세요. 맞잡은 손에서 화해의 기적이 일어날지도 모릅니다.

그림책 명상 연습 – 인드라망 자각하기

자세를 편하게 하고 눈을 감습니다. 천천히 호흡을 합니다. 심호흡을 세 번 정도 합니다.
그림책 읽기를 마친 지금 이 순간, 돌이켜 보는 시간을 갖습니다.

- 나의 몸과 마음에서 어떤 감각과 느낌, 감정, 생각이 일어나나요? 판단하는 마음을 내려놓고 어떤 감각이든 어떤 느낌과 생각이든 허용합니다.
- 그림책의 구절(대화)과 장면 중에서 내 마음이 멈춘 구절과 장면은 어디인가요?
- '손을 잡아요'라는 말이 상징하는 것은 무엇일까요?
- 누군가가 당신의 손을 따뜻하게 잡아 준다면 어떤 일이 벌어질까요? 상상해 보세요.
- 당신 곁에 있는 사람들 중에서 누구의 손을 잡아 보고 싶은가요?

- 그림책 명상 과정을 돌아보면서, 깨달은 바를 5행시로 써 보세요.

(5행시 쓰는 방법은 먼저 첫째 줄은 첫 한마디 쓰기, 둘째 줄은 첫마디에 대한 두 마디 쓰기, 셋째 줄은 첫마디에 대해 더 말해 주는 세 마디 쓰기, 넷째 줄은 첫마디에 대해 좀 더 설명하는 네 마디 쓰기, 다섯째 줄은 첫마디와 똑같이 씁니다.)

명상하기 좋은 그림책 – 《영이의 비닐우산》(윤동재, 창비)

1980년대 초에 쓴 윤동재 시인의 시 〈영이의 비닐우산〉에 그림 작가 김재홍이 그림을 그린 책입니다. 시가 가진 메시지에 그림 작가의 해석과 표현이 진한 감동을 더합니다. 주인공 영이와 거지 할아버지가 우산을 매개로 영적 교감을 나누는 장면이 뭉클하게 가슴을 적십니다.

비가 내리는 날, 영이는 초록 우산을 쓰고 학교에 갑니다. 학교 어귀에 닿을 즈음, 영이는 억수같이 내리는 빗속에서 우산도 쓰지 않은 채 할아버지가 앉아 있는 것을 봅니다.

학교로 들어간 영이는 영 마음이 개운치 않습니다. 아침 자습시간 우산을 쓰고 할아버지를 찾아갑니다. 그리곤 우산을 씌어 드리고 빗속을 뛰어 학교로 돌아갑니다.

학교 수업이 끝났을 때는 비가 그쳤습니다. 영이는 할아버지가 있던 곳을 찾아갑니다. 할아버지는 온데간데없고 대신 우산이 영이를 기다리는 것처럼 가지런히 접힌 채 담벼락에 세워져 있습니다.

"할아버지가 가져가셔도 괜찮은 건데…"

영이는 이제 비가 오지 않는데도 우산을 쓰고 집으로 걸

어갑니다.

그림책을 읽었을 때, 그림책 명상 참여자들은 잠시 멍한 표정을 지었습니다. 어떤 분은 눈물을 떨구기도 했습니다. 영이와 할아버지의 아름다운 교감에 절로 마음이 일렁인 것입니다. 영이라는 아이로 대변되는 순수한 이타성과 그 맑은 영혼을 읽어 낸 거지 할아버지의 따뜻한 마음이 연결되면서 감동을 주었기 때문입니다.

연결성은 이기적인 마음에선 나오지 않습니다. 나보다 먼저 남을 생각하는 마음에서 연결은 시작됩니다. 우리 안의 이타성이 빛을 발합니다. 우리가 연결되어 있음을 자각하는 것만으로도 갈등을 끝내고 평화의 씨앗을 심는 것입니다.

대추 한 알 (장석주 글, 이야기꽃)
담장을 허물다 (공광규 글, 바우솔)
약속 (니콜라 데이비스 글, 사계절)
100년이 지나면 (이시이 무쓰미 글, 살림)

나가는말

명상 인류로 살아가기

평소에 제가 하는 명상법이 있습니다. 이름하여 '버츄카드 명상'입니다. 버츄카드는 동서양의 미덕을 52개 단어로 가려 뽑은 카드인데, 카드마다 지혜의 구절이 담겨 있습니다. 그 구절을 천천히 읽으면 마음이 차분해집니다.
버츄카드 명상을 하는 방법은 간단합니다. 먼저 눈을 감고 무작위로 한 장의 카드를 뽑습니다. 뽑는 방식은 그날그날의 기분에 따라, 손의 감촉에 따라 다릅니다. 마음이 가는 대로 카드를 뽑으면 됩니다. 어떤 카드가 되었든 깊이 자신을 만난다는 마음을 가지면 됩니다.

카드를 뽑았다면 앞뒤에 적힌 구절을 천천히 두세 번 소리 내어 읽습니다. 그런 다음 눈을 감고 마음에 남은 단어나 구절을 떠올립니다. 단어나 구절이 나에게 다가온 이유도 생각해 봅니다. 그런 다음 내면의 소리에 귀를 기울입니다.

단어나 구절을 되뇌면서 음미합니다. 어떤 생각과 기억이 떠오르더라도 허용하는 마음으로 지켜봅니다. 마지막으로 음미한 단어와 구절이 지금의 나에게 주는 메시지를 떠올려 봅니다.

저는 이 명상을 하는 동안 일상의 분주함과 복잡함에서 벗어나는 경험을 합니다. 잠시나마 홀가분한 기분으로 저 자신과 플러그인합니다. 접속이 주는 선물은 저를 싱싱하게 온전한 존재로 만듭니다.

명상은 자신의 내면과 깊이 만나게 해 줍니다. 마음 근력을 키워 줍니다. 어느 명상이나 똑같습니다. 그림책 명상도 예외가 아닙니다.

그림책 명상은 자유롭고 행복해지는 여러 길 중 하나입니다. 임팩트 있는 알아차림 텍스트인 그림책을 방편 삼아 내면과 접속하는 길입니다. 나를 고통스럽게 하는 원인을 이해하고, 벗어나는 방법을 스스로 찾는 과정입니다. 정통 명상으로 들어가기 전에 거치는 징검다리입니다.

인간의 존재를 몸-마음-영의 통합적 관점에서 바라보는 통합심신치유 시각에서 보면 그림책 명상은 마음치유, 의식치유 요법에 해당합니다. 그림책을 매개로 마음을 들여다보고, 고통을 일으키는 신념과 욕망을 알아차리고 거기서 벗어나 자유롭고 주도적인 삶을 살도록 해 주니까요.

그림책 명상의 장점은 다른 심리치료 요법보다 접근하기 쉽고 누구나 지도할 수 있다는 점입니다. 다만 일정 기간 명상 수련은 해야 합니다. 특히 그림책 명상을 지도하려는 사람은 좋은 스승 밑에서 집중 수련 경험을 쌓아야 합니다.

이 책은 그림책을 좋아하고 명상에 관심 있는 분들을 위한 책입니다. 그리고 현재 심리적으로 어려움을 겪는 분들이 그림책 명상으로 스스로 치유하기를 바라는 소망을 담았습니다. 그림책과 명상을 전혀 모르더라도, 천천히 읽으며 자신과 만나고, 어떻게 하면 마음이 편안해지는지 그 방법을 터득하기를 바라는 마음이 담겨 있습니다.

모쪼록 그림책 명상이 여러분의 마음에 가닿아, 자유롭고 주도적인 삶을 사는 데 도움이 되길 바랍니다.

추천사

그림책 명상으로 평화로운 사회를 기원하며

오랫동안 베스트셀러였던 《마음을 열어주는 101가지 이야기》 서문에 "세계는 원자로 이루어진 것이 아니라 이야기들로 이루어져 있다"라는 뮤리엘 루키저의 유명한 말이 나온다. 사실 세계는 원자로 이루어져 있는 것이 맞다. 그런데도 뮤리엘 루키저가 이렇게 말한 이유는 인간을 감동시키고, 인간의 삶을 좀 더 풍요롭고 의미 있게 만드는 것은 과학적 사실보다는 사람들의 삶의 경험이 배어 있는 이야기라는 점을 강조하려는 것이다.

오늘날은 이야기들이 사라지고 있는 시대이다. 아이들이 할머니, 할아버지 무릎을 베고 옛날이야기를 듣던 시절이 사라지고, 청소년들은 입시 전쟁에 내몰려 정서를 키워 주던 좋은 책이나 시詩를 읽지 않는다. 성인들은 경쟁 지향적인 복잡한 산업구조 속에서 엄청난 스트레스를 받고, IT와 AI의 디지털 문명에 짓눌려서 정서가 메말라 가고 있다.

디지털 문명이 인류에게 새로운 삶의 형태와 기회를 준 것은 사실이다. 하지만 동시에 인류가 이전에 경험하지 못했던 위기를 가져다준 것도 사실이다. 구글, 페이스북, 애플 같은 미국 실리콘밸리의 디지털 천재들은 이런 시대적 위기 현상을 극복하고자 위즈덤 2.0 컨퍼런스Wisdom 2.0 Conference라는 프로그램을 개발하여 해마다 모임을 열고 있다. 이들이 디지털 문명의 위기를 극복하고자 개발한 위즈덤 2.0 컨퍼런스는 바로 명상 중심 프로그램이다.

이 시대는 디지털 문명과 함께 명상의 열풍이 불고 있다. 미래의 바람직한 인간은 인성과 창의성이 풍부한 인간인데, 인성과 창의성을 개발시켜 주는 가장 효과적인 방법 가운데 하나가 명상이다. 수많은 명상 프로그램과 앱이 개발되고 있지만 명상에 접근하는 것은 여전히 쉽지 않다.

이러한 때 김기섭 박사가 펴낸 《나를 돌보는 그림책 명상》은 반갑다. 이 책은 매우 신선하고 효과적인 명상 수련 안내서이다. 뿐만 아니라 인성과 호기심, 무한한 상상력과 창의성을 동시에 개발할 수 있는 매우 귀중한 책이다. 호기심을 가지고 그림책을 재미있게 읽고, 그림책에서 성찰한 주제로 명상해 봄으로써 자연스럽게 명상에 접근하게 하고 명상을 즐기도록 안내해 준다. 그림책은 아이와 어른, 노인에 이르기까지 누구나 쉽게 접근할 수 있어, 그림책 명상은 어렵지 않게, 그러면서도 깊이 있게 명상을 익힐 수 있는 매우 효과적인 명상 프로그램이라고 할 수 있다.

저자는 그림책 명상의 목표가 명상 인류를 만드는 데 있다고 말한다. 명상 인류는 명상을 하는 모든 사람의 공통된 염원이다. 명상 인류가 보편화될 때 이 세상은 전쟁과 폭력이 사라지고 평화롭고 건강한 사회가 될 수 있기 때문이다. 그림책 명상이 명상 인류를 앞당기는 데 중요한 역할을 하기를 기대해 본다.

윤종모

대한성공회 주교, 《치유명상》 저자

참고한 책들

그림책의 힘 (가와이 하야오·마쓰이 다다시·야나기다 구니오, 마고북스)
글쓰기 명상 (김성수, 김영사)
어른을 위한 그림책테라피 (김소영, 피그말리온)
게슈탈트 심리치료 (김정규, 학지사)
마음챙김 명상 멘토링 (김정호, 불광출판사)
상호작용을 통한 독서치료 (김현희·김재숙·강은주, 학지사)
8주, 나를 비우는 시간 (대니 펜맨·마크 윌리엄스, 불광출판사)
우리의 고통을 이해하는 책들 (레진 드탕벨, 펄북스)
마음챙김과 예술치료 (로리 라파폴트, 학지사)
7가지 행복 명상법 (로저 월시, 김영사)
붓다 브레인 (릭 핸슨·리처드 멘디우스, 불광출판사)
MBSR 워크북 (밥 스탈·엘리샤 골드스테인, 학지사)
통합적 문학치료 (변학수, 학지사)
마음챙김-뇌를 재설계하는 자기연민 수행 (샤우나 샤피로, 안드로메디안)
통합심신치유학 실제편 (안희영·조효남, 학지사)
마음이 흐린 날에 그림책을 펴세요 (야나기다 구니오, 수희재)
그림책테라피가 뭐길래 (오카다 다쓰노부, 나는별)
그림책의 넓이와 깊이 (이상희, 학교도서관지원센터 원주평생교육정보관)
마음챙김으로 통증 다스리기 (재키 가드너-닉스·루시 코스틴-홀, 시그마북스)
정신과 의사가 붓다에게 배운 마음치료 이야기 (전현수, 불광출판사)
마음챙김 명상과 자기치유 (존 카밧진, 학지사)
존 카밧진의 왜 마음챙김 명상인가? (존 카밧진, 불광출판사)
시가 마음을 만지다 (최영아, 쌤앤파커스)
마음에는 평화 얼굴에는 미소 (틱낫한, 김영사)
틱낫한 명상 (틱낫한, 불광출판사)
오늘부터 나에게 친절하기로 했다 (크리스토퍼 거머, 더퀘스트)
그림책의 그림읽기 (현은자 외, 마루벌)

나를 돌보는 그림책 명상
– 마음 근력을 키우는 7가지 명상법

초판 1쇄	2024년 1월 20일
초판 2쇄	2024년 12월 10일
글쓴이	김기섭
펴낸곳	도서출판 단비
펴낸이	김준연
편집	이혜숙
그림·디자인	김선미
출판등록	2003년 3월 24일(제2012-000149호)
주소	경기도 고양시 일산서구 고양대로 724-17, 304동 2503호 (일산동, 산들마을)
전화	02-322-0268
팩스	02-322-0271
전자우편	rainwelcome@hanmail.net

ⓒ김기섭, 2024

ISBN 979-11-6350-111-4 03100
책값 12,000원

※이 책의 내용 일부를 재사용하려면 반드시 저작권자와
도서출판 단비의 동의를 받아야 합니다.